EUROPA-FACHBUCHREIHE
für wirtschaftliche Bildung

Büro 2.1
Informationsverarbeitung Excel 2013

Kaufmann/Kauffrau für Büromanagement

Sieber

VERLAG EUROPA-LEHRMITTEL
Nourney, Vollmer GmbH & Co. KG
Düsselberger Straße 23
42781 Haan-Gruiten

Europa-Nr.: 82893

Verfasser:
Dipl.-Hdl. Michael Sieber, Studiendirektor

Verlagslektorat:
Anke Hahn

Die in diesem Buch genannten Software-, Hardware- und Handelsnamen sind in ihrer Mehrzahl gleichzeitig auch eingetragene Warenzeichen.

1. Auflage 2015

Druck 5 4 3 2 1

Alle Drucke derselben Auflage sind parallel einsetzbar, da sie bis auf die Behebung von Druckfehlern untereinander unverändert sind.

ISBN 978-3-8085-8289-3

Umschlaggestaltung, Satz: Grafische Produktionen Jürgen Neumann, 97222 Rimpar
Umschlagfoto: ©gyn9037–shutterstock.com
Druck: Konrad Triltsch Print und digitale Medien GmbH, 97199 Ochsenfurt-Hohestadt

Vorwort

Das vorliegende Buch bietet Auszubildenden in **dem neuen Ausbildungsberuf „Kaufmann/-frau für Büromanagement“** eine gezielte Vorbereitung auf die Excel-Anteile des ersten Teils der gestreckten Prüfung im Fach „Informationstechnisches Büromanagement“. Die vorliegende 1. Auflage verwendet die Software Excel 2013 des Office-Pakets von Microsoft. Ein Großteil des Buches – insbesondere der Einsatz der Funktionen und Formeln, aber auch die Prüfungsübungen bzw. Lernsituationen – ist allerdings mit jeder Tabellenkalkulationssoftware nutzbar.

Das Buch beinhaltet

- eine **zum Selbststudium geeignete Einführung** in die für die Abschlussprüfung relevanten Befehle und Funktionalitäten von *Excel* sowie
- **25 Prüfungsübungen in Form von Lernsituationen einschließlich ausführlicher Musterlösungen**, die eine große Bandbreite der für die Prüfung relevanten, betriebswirtschaftlichen Fragestellungen abdecken.

Die Prüfungsübungen sind in Form von umfangreichen Lernsituationen gestaltet, die ein systematisches Einüben von Excel ermöglichen. Die **beiliegende CD** enthält

- **Beispieldateien**, die der zusätzlichen Veranschaulichung der Excel-Einführung am PC dienen
- Dateien zu den **Situationen**, in denen die Rohdaten der Prüfungsübungen bereits eingegeben sind
- **Lösungsdateien**, die einen Vergleich der eigenen Lösung mit der Musterlösung direkt am PC ermöglichen.

Nachdem im Kapitel 1 die Prüfungsmodalitäten kurz erläutert werden, erfolgt in den Kapiteln 2 - 8 anhand der im Rahmenlehrplan vorgegebenen Inhalte eine Einführung in die grundlegende Handhabung sowie die prüfungsrelevanten Funktionalitäten von Excel:

Lernfeld 3 („Aufträge bearbeiten“)

„Die Schülerinnen und Schüler führen mit Hilfe eines Tabellenkalkulationsprogramms (*Aufbau und Formatierung von Tabellen, Einsatz von Funktionen und Formeln sowie geeignete Zelladressierungen*) einfache Preisberechnungen durch.“ → Kapitel 2, 3, 4, 6

Lernfeld 4 („Sachgüter und Dienstleistungen beschaffen und Verträge schließen“)

„Die Schülerinnen und Schüler [...] erstellen geeignete Diagramme und nutzen diese für ihre Entscheidungen. [..] Dabei nutzen sie notwendige Funktionen wie WENN, ZÄHLENWENN, SUMMEWENN und SVERWEIS“ → Kapitel 5, 8

In Kapitel 6 wird die **Layoutgestaltung beim Ausdrucken von Tabellen und Diagrammen** thematisiert. Kapitel 7 fasst einige **Tipps und Tricks** unter der Überschrift „Nützliche Techniken“ zusammen.

Mit den Situationsaufgaben in Kapitel 9 („Prüfungsübungen“) können die erlernten Fertigkeiten in Excel systematisch eingeübt werden. Die Aufgaben differenzieren zwischen den drei Schwierigkeitsgraden *niedrig **mittel und ***hoch und stellen thematisch zum Teil auch Bezüge zu anderen Lernfeldern her (z. B. zu Lernfeld 6 „Werteströme erfassen und beurteilen", Lernfeld 8 „Personalwirtschaftliche Aufgaben wahrnehmen", Lernfeld 9 „Liquidität sichern und Finanzierung vorbereiten", Lernfeld 10 „Wertschöpfungsprozesse erfolgsorientiert steuern" sowie Lernfeld 12 „Veranstaltungen und Geschäftsreisen organisieren"). Kapitel 10 beinhaltet die Musterlösungen der Prüfungsübungen. Die Musterlösungen sollten erst nach gründlicher Auseinandersetzung mit den Aufgaben genutzt werden, um einen optimalen Übungseffekt zu erzielen.

Ihr Feedback ist uns wichtig

Ihre Anmerkungen, Hinweise und Verbesserungsvorschläge zu diesem Buch nehmen wir gerne auf – schreiben Sie uns unter *lektorat@europa-lehrmittel.de.*

Verfasser und Verlag wünschen Ihnen nicht nur viel Spaß und Erfolg beim Arbeiten mit diesem Buch, sondern auch das gewünschte Prüfungsergebnis!

Bayreuth, im Januar 2015

Michael Sieber

Inhaltsverzeichnis

1. Prüfungsmodalitäten 9

2. Grundlegendes zur Tabellenkalkulation Lernfeld 3 10

2.1 Funktionen eines Tabellenkalkulationsprogramms 10
2.2 Excel starten 11
2.3 Excel-Bildschirm 12
2.4 Zeilen, Spalten, Zellen, Bereiche 13
2.5 Möglichkeiten der Programmsteuerung 14
2.6 Excel-Hilfe 15

3. Erstellen von Tabellen Lernfeld 3 16

3.1 Eingabe von Text und Zahlen 16
3.2 Eingabe von Formeln und Funktionen 17
3.3 Löschen von Zellen, Zeilen und Spalten 23
3.4 Einfügen von Zellen, Zeilen und Spalten 24
3.5 Ausschneiden, Kopieren und Einfügen von Zellen 25
3.6 Aus- und Einblenden von Spalten und Zeilen 26
3.7 Arbeiten mit mehreren Tabellenblättern 27

4. Formatieren von Tabellen Lernfeld 3 28

4.1 Rahmen und Hintergrund 28
4.2 Spaltenbreite und Zeilenhöhe 31
4.3 Schriftformatierung 31
4.4 Zahlenformatierung 33
4.5 Zellausrichtung 35
4.6 Zellformatierungen schnell kopieren 36

5. Erstellen und Interpretieren von Diagrammen Lernfeld 4 37

5.1 Festlegen der Diagramm-Quelldaten 37
5.2 Auswahl des Diagrammtyps 38
5.3 Diagrammgestaltung 41
5.4 Platzieren des Diagramms 44
5.5 Nachbearbeitung des Diagramms 45
5.6 Interpretation des Diagramms 49

6. Drucken von Tabellen und Diagrammen Lernfeld 3 50

6.1 Layoutgestaltung in der Seitenansicht 50
6.2 Druckbefehl 52

7. Nützliche Techniken Lernfeld 3 und 4 53

7.1 Befehle wiederholen bzw. rückgängig machen 53
7.2 Tabellen zoomen 53
7.3 Automatischer und manueller Zeilenumbruch 54
7.4 Automatisches Ausfüllen (AutoAusfüllen) 55
7.5 Absolute und relative Zelladressierung 55
7.6 Verschieben und Kopieren mittels Drag & Drop 57
7.7 Sortieren von Daten 58
7.8 Filtern von Daten (AutoFilter) 60
7.9 Rechtschreibprüfung 61

8. Wichtige Funktionen Lernfeld 4 62

8.1 SUMME, MAX, MIN, MITTELWERT 62
8.2 ANZAHL, ANZAHL2 62
8.3 RUNDEN, AUF- und ABRUNDEN, GANZZAHL, KÜRZEN 63
8.4 WENN, UND, ODER, NICHT, ZÄHLENWENN, SUMMEWENN 64
8.5 RANG 70
8.6 SVERWEIS, WVERWEIS 71
8.7 Datums- und Uhrzeitfunktion 73
8.8 Bearbeiten fehlerhafter Formeln und Funktionen 76

9. Prüfungsübungen 77

Schwierigkeitsgrade: * niedrig ** mittel *** hoch

9.1 Situation 1: Umsatzstatistik * 77
9.2 Situation 2: Angebotsvergleich I * 78
9.3 Situation 3: Kostenübersicht * 79
9.4 Situation 4: Private Finanzübersicht * 80
9.5 Situation 5: Investitionen * 81
9.6 Situation 6: Handelsspanne * 82
9.7 Situation 7: Inventurliste * 83

9.8 Situation 8: Absatz- und Umsatzzahlen * 84
9.9 Situation 9: Überstundenstatistik * 85
9.10 Situation 10: Veranstaltungsmanagement * 86
9.11 Situation 11: Betriebswirtschaftliche Kennzahlen ** 87
9.12 Situation 12: Filialabrechnung ** 88
9.13 Situation 13: Angebotsvergleich II ** 89
9.14 Situation 14: ABC-Analyse ** 90
9.15 Situation 15: Eigenfertigung oder Fremdbezug ** 91
9.16 Situation 16: Handelskalkulation ** 92
9.17 Situation 17: Optimale Bestellmenge ** 93
9.18 Situation 18: Personalleasing ** 94
9.19 Situation 19: Abschreibungen ** 95
9.20 Situation 20: Gewinnverteilung KG *** 97
9.21 Situation 21: Provisionsberechnung *** 98
9.22 Situation 22: Break-even-Analyse *** 99
9.23 Situation 23: Zahlungseingangskontrolle *** 100
9.24 Situation 24: Outsourcing *** 101
9.25 Situation 25: Fehlzeitenstatistik *** 102

10. Lösungen der Prüfungsübungen 103

Schwierigkeitsgrade: * niedrig ** mittel *** hoch

10.1 Lösung der Situation 1: Umsatzstatistik * 103
10.2 Lösung der Situation 2: Angebotsvergleich I * 104
10.3 Lösung der Situation 3: Kostenübersicht * 105
10.4 Lösung der Situation 4: Private Finanzübersicht * 106
10.5 Lösung der Situation 5: Investitionen * 107
10.6 Lösung der Situation 6: Handelsspanne * 108
10.7 Lösung der Situation 7: Inventurliste * 109
10.8 Lösung der Situation 8: Absatz- und Umsatzzahlen * 110
10.9 Lösung der Situation 9: Überstundenstatistik * 111
10.10 Lösung der Situation 10: Veranstaltungsmanagement * 113
10.11 Lösung der Situation 11: Betriebswirtschaftliche Kennzahlen ** 114
10.12 Lösung der Situation 12: Filialabrechnung ** 115
10.13 Lösung der Situation 13: Angebotsvergleich II ** 116
10.14 Lösung der Situation 14: ABC-Analyse ** 117

10.15 Lösung der Situation 15: Eigenfertigung oder Fremdbezug ** 118
10.16 Lösung der Situation 16: Handelskalkulation ** 120
10.17 Lösung der Situation 17: Optimale Bestellmenge ** 122
10.18 Lösung der Situation 18: Personalleasing ** 123
10.19 Lösung der Situation 19: Abschreibungen ** 124
10.20 Lösung der Situation 20: Gewinnverteilung KG *** 126
10.21 Lösung der Situation 21: Provisionsberechnung *** 127
10.22 Lösung der Situation 22: Break-even-Analyse *** 128
10.23 Lösung der Situation 23: Zahlungseingangskontrolle *** 130
10.24 Lösung der Situation 24: Outsourcing *** 131
10.25 Lösung der Situation 25: Fehlzeitenstatistik *** 132

Stichwortverzeichnis 133

1. Prüfungsmodalitäten

Mit dem neuen Ausbildungsberuf „Kaufmann/-frau für Büromanagement" wurden die bisherigen Berufe „Bürokaufmann/-frau", „Kaufmann/-frau für Bürokommunikation" und „Fachangestellte(r) für Bürokommunikation" zu einem einzigen Beruf zusammengefasst. Die Beherrschung einer Tabellenkalkulationssoftware gehört seit jeher zu dem Qualifikationsspektrum der Büroberufe. Im Prüfungsfach Informationsverarbeitung hatte der Prüfling in den „alten" Berufen bisher u.a. praxisbezogene Aufgaben zur Aufbereitung und Darstellung statistischer Daten zu bearbeiten. Auch im neuen Büroberuf werden praktische Kenntnisse der Tabellenkalkulation geprüft. Die Prüfungsmodalitäten haben sich jedoch formal und inhaltlich geändert.

Für den neuen Ausbildungsberuf „Kaufmann/-frau für Büromanagement" wurde eine gestreckte Abschlussprüfung eingeführt. Rechtliche Grundlage dafür ist die „Verordnung über die Berufsausbildung zum Kaufmann/zur Kauffrau für Büromanagement" bzw. die „Verordnung über die Berufsausbildung zum Kaufmann für Büromanagement/zur Kauffrau für Büromanagement" in Verbindung mit dem Berufsbildungsgesetz. In beiden Verordnungen wird für die Abschlussprüfung im Fach Informationsverarbeitung vom Auszubildenden u. a. der Nachweis gefordert, „dass er grundlegende Fertigkeiten und Kenntnisse von Bürokommunikationstechniken erworben hat." Damit sind neben der Textformulierung und formgerechten Briefgestaltung grundlegende Kenntnisse in der Tabellenkalkulation gemeint.

Zur Mitte des 2. Ausbildungsjahres wird als Teil 1 der gestreckten Abschlussprüfung das Fach „Informationstechnisches Büromanagement" geprüft. Diese Prüfung dauert 120 Minuten und zählt 25 % zum Gesamtergebnis. Der Prüfling soll in dieser Prüfung gemäß der Ausbildungsordnung nachweisen, dass er „unter Anwendung von Textverarbeitung sowie Tabellenkalkulation recherchieren, dokumentieren und kalkulieren kann". Die Prüfung enthält daher einen komplexen Arbeitsauftrag, der mit Hilfe der Textverarbeitung und Tabellenkalkulation am Rechner gelöst wird. Inhaltlich bezieht sich die Prüfung auf den Themenschwerpunkt „Büroprozesse" und Teilen aus den „Geschäftsprozessen" (z. B. Angebotsvergleich, Urlaubsliste, Bestellvorgang, Mahnung). Der Prüfling soll dokumentenübergreifend arbeiten. Nicht kleinschrittige Teilaufgaben, sondern ein „ganzheitliches Endprodukt" soll im Mittelpunkt stehen. Um Schritt für Schritt an die Arbeit mit Excel heranzuführen und ein systematisches Einüben der Funktionalitäten und des sinnvollen Einsatzes von Formeln systematisch einzuüben, werden in den Prüfungsübungen dieses Buches dennoch auch kleinschrittige Arbeitsaufträge erteilt.

Nachdem in der überwiegenden Mehrzahl der Betriebe mit dem Office-Paket von Microsoft gearbeitet wird, kommt in der Abschlussprüfung fast flächendeckend das Tabellenkalkulationsprogramm Excel zum Einsatz. Die entsprechenden Aufgaben beschäftigen sich insbesondere mit den Gebieten Bürowirtschaft, Statistik, Rechnungswesen und Personalwirtschaft.

Dem Prüfling wird in der Prüfung eine Datei mit Datenmaterial (z. B. Daten über Lieferanten, Artikel, Kunden u. ä.) vorgegeben, das nach bestimmten Kriterien weiterverarbeitet werden soll. Damit tritt der reine Eingabeaufwand in den Hintergrund, da die Rohdaten bereits vorliegen. In den Prüfungsübungen dieses Buches wird diesem Umstand insofern Rechnung getragen, dass es neben der Handhabe, alle Daten selbst einzugeben (was zu Übungszwecken durchaus sinnvoll sein kann) auch möglich ist, eine Datei mit den bereits eingegebenen Rohdaten von der beigelegten CD zu laden (Aufgabendateien) und dann entsprechend der einzelnen Arbeitsaufträge der Prüfungsübungen weiter zu bearbeiten.

2. Grundlegendes zur Tabellenkalkulation

Rahmenlehrplan Lernfeld 3 („Aufträge bearbeiten"):
„Die Schülerinnen und Schüler führen mit Hilfe eines Tabellenkalkulationsprogramms (*Aufbau und Formatierung von Tabellen, Einsatz von Funktionen und Formeln sowie geeignete Zelladressierungen*) einfache Preisberechnungen durch."

2.1 Funktionen eines Tabellenkalkulationsprogramms

Standardsoftware Tabellenkalkulation

Die Tabellenkalkulation ist nach der Textverarbeitung die im Bürobereich am häufigsten eingesetzte Anwendersoftware. Softwarekenntnisse in diesem Bereich sind heute in vielen Berufsfeldern unerlässlich und werden von Arbeitgebern oftmals als zwingend notwendige Basisqualifikation betrachtet. Dies gilt für kaufmännische Tätigkeiten in ganz besonderer Weise.

In der Berufsabschlussprüfung im Fach „Informationstechnisches Büromanagement" des Ausbildungsberufs Kaufmann/-frau für Büromanagement wird in aller Regel das Tabellenkalkulationsprogramm Microsoft Excel eingesetzt.

Das in diesem Buch verwendete Excel 2013 ist Bestandteil des Office-Pakets von Microsoft. Die Funktionalitäten der Tabellenkalkulationssoftware sind weitgehend identisch. Dies gilt nicht nur für die Vorgängerversionen von Excel, sondern auch für Tabellenkalkulationsprogramme anderer Softwareanbieter, auf die sich die hier erworbenen Kenntnisse leicht übertragen lassen.

Anwendungsbereiche

Excel ist in einem sehr breiten Anwendungsbereich einsetzbar. Durch die Vielzahl der vorhandenen Funktionen können sowohl kaufmännische als auch technisch-wissenschaftliche Problemstellungen bearbeitet werden. Ein großer Vorteil von Excel ist, dass mit einmal erstellten Tabellen dauerhaft gearbeitet werden kann. Wenn die Eingabewerte verändert werden, aktualisiert Excel automatisch alle Berechnungen und Diagramme. Dadurch können Tabellen äußerst zeitsparend auf den neuesten Stand gebracht werden.

Mit Excel kann man sehr komfortabel

- Zahlen strukturieren, d. h. in tabellarische Form bringen,
- mit Zahlen rechnen, Formeln eingeben usw.,
- Zahlen graphisch darstellen (z. B. Kreis- und Balkendiagramme etc.) und
- Datenbestände verwalten (Datenbank).

Gerade für die kaufmännische Berufspraxis ergeben sich eine Vielzahl von Anwendungsmöglichkeiten (z. B. Statistiken wie Umsatzübersichten oder Provisionstabellen, Produktionsplanung, Kalkulation und Kostenrechnung, Fakturierung, Lagerverwaltung, Lohnabrechnung, Investitions- und Finanzierungsrechnung, finanzmathematische Analysen, Steuerberechnungen, Vertriebssteuerung, Kennzahlensysteme im Rahmen des Controlling u.v.m.).

Vorgehensweise bei der Erstellung einer Tabelle

Bei der Planung und Erstellung von Excel-Tabellen empfiehlt sich ein systematisches Vorgehen.

1. Was soll in der Tabelle dargestellt werden? Welche Daten werden dazu benötigt?
2. Wie ordnet man die Daten sinnvoll? Was soll berechnet werden?
3. Grobanlegen der Excel-Arbeitsmappe: Spalten- und Zeilenbeschriftungen, Zahlen und Formeln eingeben
4. Formatieren der Tabelle (z. B. Darstellung der Zahlenwerte als Währung u. ä.)
5. Graphische Darstellung der Zahlen (Erstellen von Diagrammen)
6. Festlegen der Druckoptionen (z. B. Querformat) und Drucken der Ergebnisse

2.2 Excel starten

Um Excel zu starten, gibt es mehrere Möglichkeiten:

Falls ein Excel-Icon auf Ihrem Desktop liegt, klicken Sie doppelt auf die linke Maustaste.

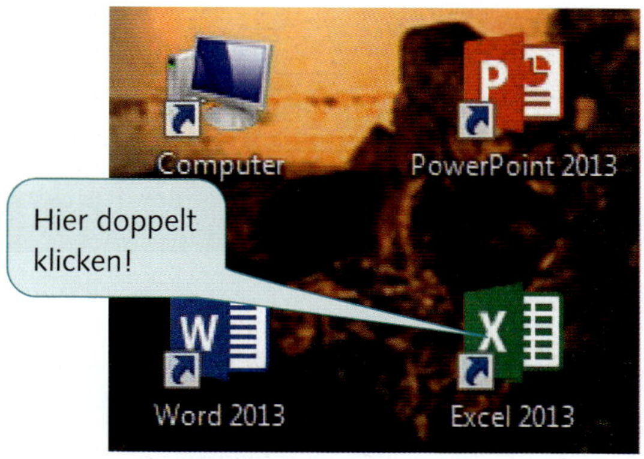

Anderenfalls öffnen Sie das Startmenü, indem Sie einmal auf den Start-Button klicken.

Lassen Sie sich die verfügbaren Programme anzeigen.

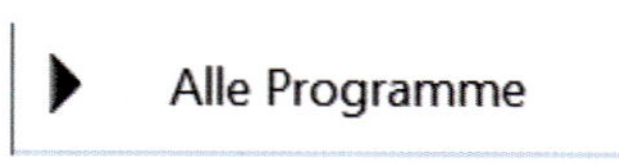

Starten Sie Excel mit einem Mausklick.

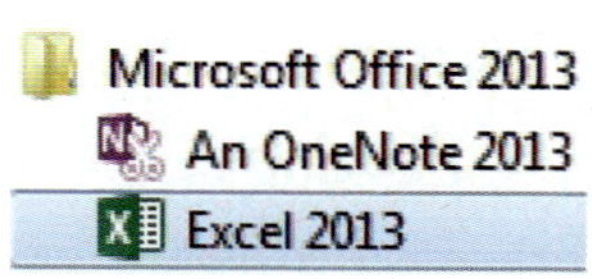

2.3 Excel-Bildschirm

Nach dem Öffnen von Excel erscheint ein schachbrettartiges, elektronisches Arbeitsblatt. Die Spalten sind fortlaufend mit Buchstaben gekennzeichnet (A, B, C...), die Zeilen mit Zahlen durchnummeriert. Dadurch lässt sich jede Zelle des Excel-Dokuments eindeutig identifizieren (z.B. A2, B5 usw.).

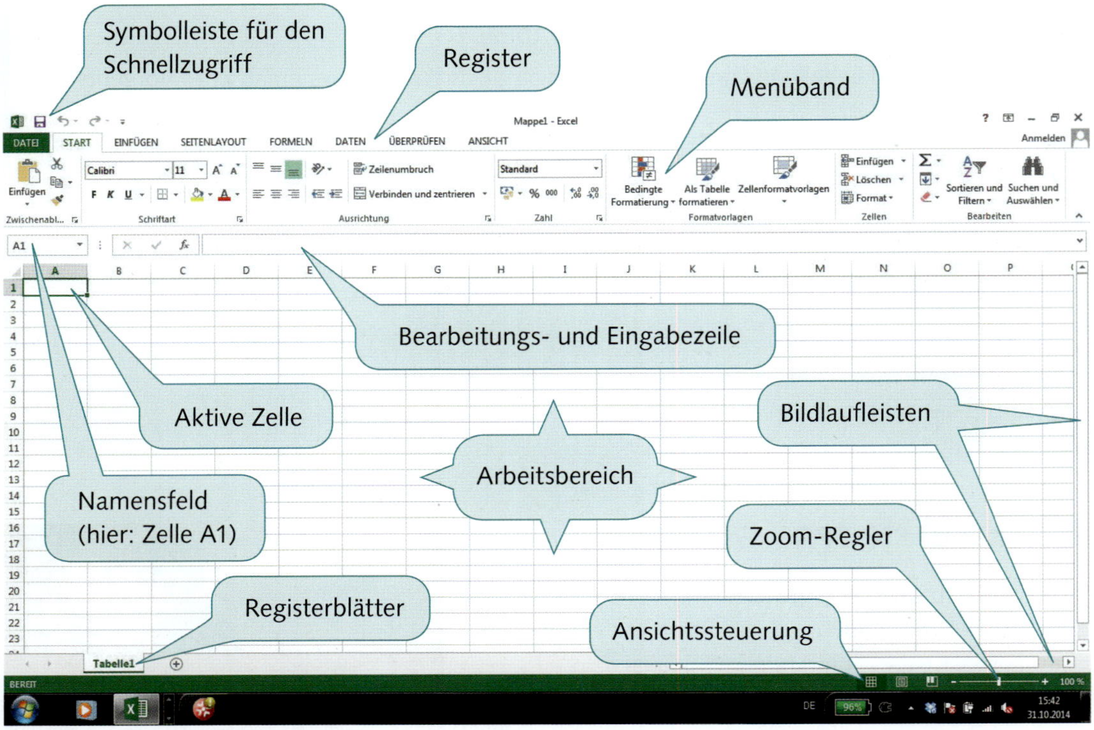

Beim erstmaligen Öffnen von Excel ist bereits eine leere Arbeitsmappe geöffnet. Diese ist standardmäßig als ***Mappe 1*** definiert. Wird nun eine weitere neue Datei geöffnet, wird sie fortlaufend nummeriert und folglich als Mappe 2 bezeichnet usw..

Wenn Sie mit dieser bereits geöffneten Datei weiter arbeiten, können Sie über das Register ***Datei*** und ***Speichern unter*** einen eigenen Namen vergeben. Alle (bei neuen Dateien standardmäßig drei) Registerblätter sind in der jeweiligen Excel-Datei gespeichert.

Eine bereits vorhandene Excel-Datei öffnen Sie mit Klick auf das Register ***Datei*** und ***Öffnen*** oder mit dem entsprechenden Symbol in der Symbolleiste für den Schnellzugriff.

Das Öffnen, Speichern und Verwalten der Dateien entspricht dem gewohnten Vorgehen bei anderen Programmen (z.B. Word).

Tabellenblätter

Jede Arbeitsmappe enthält standardmäßig ein Tabellenblatt. In einer Arbeitsmappe liegen die Blätter wie in einem Schnellhefter hintereinander und werden in der Arbeitsmappe, also in einer Datei gespeichert. Um ein effektives Arbeiten zu ermöglichen, empfiehlt es sich, die Tabellenblätter sinnvoll zu bezeichnen und zu ordnen. Mit Hilfe des Kontextmenüs können Sie Tabellenblätter u. a. einfügen, löschen, umbenennen, verschieben und kopieren.

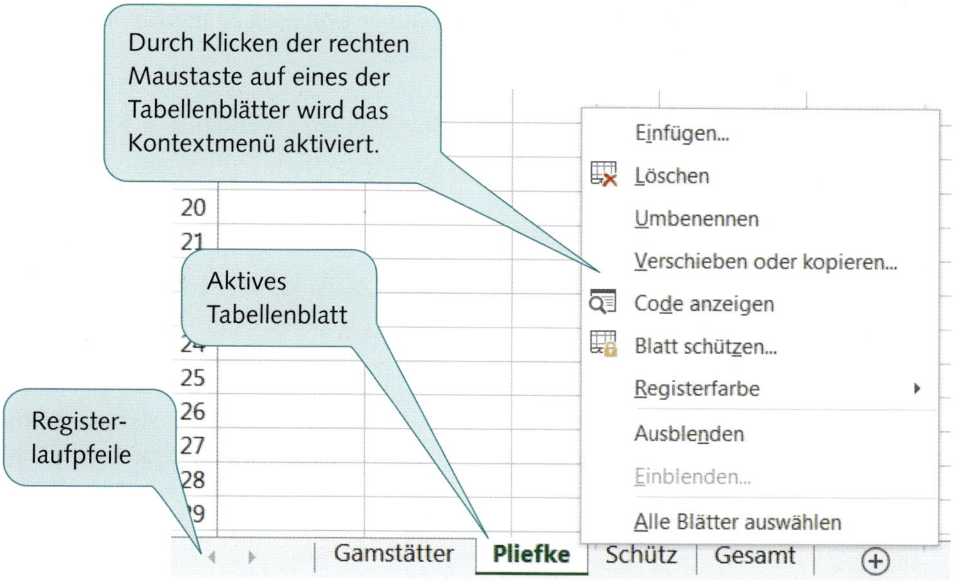

2.4 Zeilen, Spalten, Zellen, Bereiche

Zeilen werden in Zahlen angegeben, Spalten mit Buchstaben. Eine Zelle ist der Schnittpunkt aus Zeile und Spalte.

Die aktive Zelle ist die Zelle, in die Sie Zahlen, Texte oder Formeln eingeben können. Excel hebt diese Zelle immer durch einen dicken Rahmen und eine Markierung der Spalten- und Zeilenbenennung hervor. Im unten sichtbaren Beispiel wird die aktive Zelle durch die Koordinaten B und 2 bestimmt. Die kurze Schreibweise für die Zellkoordinaten ist einfach B2. Die Koordinaten der aktiven Zelle werden außerdem im Adressfeld der Bearbeitungsleiste angezeigt.

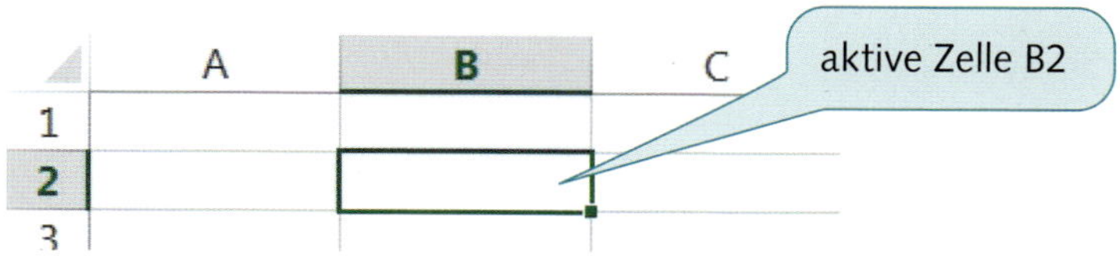

Eine bestimmte Zelle können Sie entweder durch Drücken der Richtungstasten ← ↓ → ↑ oder durch Anklicken mit der linken Maustaste aufrufen. Dadurch wird die Zelle zur aktiven Zelle gemacht und kann bearbeitet werden.

Insbesondere beim Formatieren von Tabellen ist es notwendig, mehrere Zellen gleichzeitig zu markieren, um dies nicht mühsam für jede Zelle einzeln vornehmen zu müssen.

Zu markierende Bereiche

Bestimmter Teil der Tabelle:

Bei gedrückter linker Maustaste über den gewünschten Tabellenbereich ziehen, hier z. B. F1 bis G3. Ist nur eine Zelle zu markieren, genügt das Anklicken.

Eine ganze Spalte:

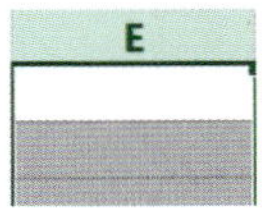

Spaltenbuchstaben anklicken, z. B. Spalte E

Eine ganze Zeile:

Zeilennummer anklicken, z. B. Zeile 4

Die ganze Tabelle:

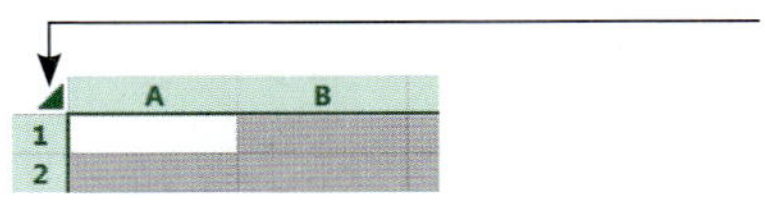

Schnittpunkt von Zeilennummern und Spaltenbuchstaben anklicken

Nicht zusammenhängende Tabellenbereiche:

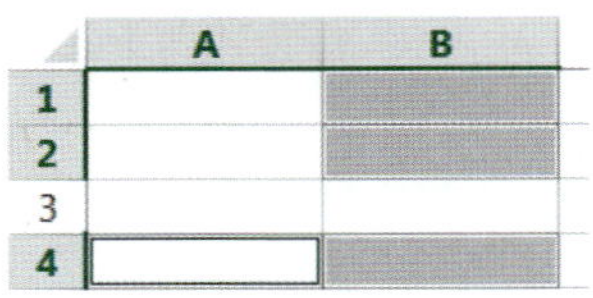

B1 bis B2 markieren, Strg-Taste drücken (und gedrückt halten!) und A4 bis B4 markieren.

2.5 Möglichkeiten der Programmsteuerung

Zur Programmsteuerung stellt Excel stets mehrere alternative Möglichkeiten zur Verfügung.

Befehl aufrufen ...	Beispiel: Kopieren
über die Symbole der Symbolleiste	
über Shortcuts (Tastenkombinationen)	Strg-Taste + C
über das Kontextmenü (rechte Maustaste)	Menüpunkt Kopieren im Kontextmenü

Beim Arbeiten mit Excel sollten Sie durch Testen der verschiedenen Varianten der Programmsteuerung selbst herausfinden, wie Sie persönlich am effektivsten arbeiten können.

2.6 Excel-Hilfe

Die Excel-Hilfe aktivieren Sie, indem Sie in der rechten oberen Ecke des Anwendungsfensters auf das **Fragezeichen-Symbol** klicken.

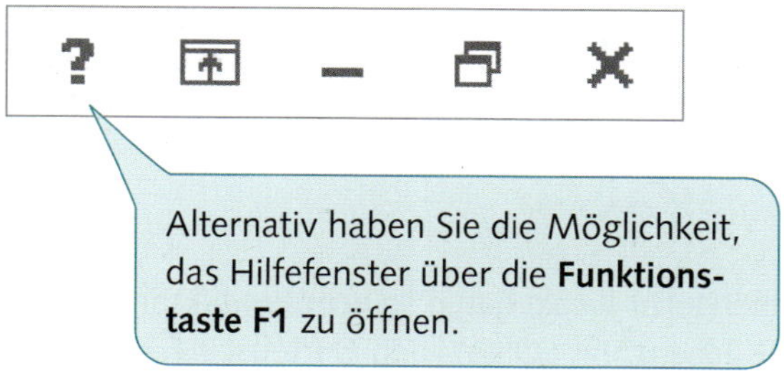

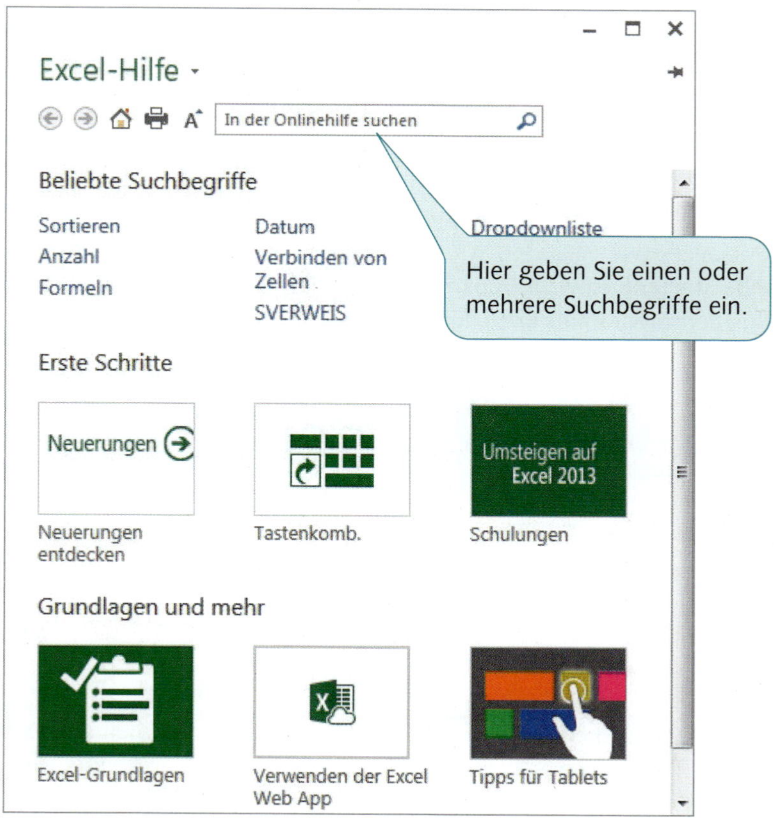

Nach Eingabe des Suchbegriffs und Bestätigung mit der <Return>-Taste erhalten Sie eine Liste mit den gefundenen Hilfethemen.

3. Erstellen von Tabellen

Rahmenlehrplan Lernfeld 3 („Aufträge bearbeiten"):

„Die Schülerinnen und Schüler führen mit Hilfe eines Tabellenkalkulationsprogramms *(**Aufbau** und Formatierung **von Tabellen, Einsatz von Funktionen und Formeln** sowie geeignete Zelladressierungen)* einfache Preisberechnungen durch."

Lernsituation:

Der norwegische Möbelhersteller Ikeaki hat in seinem Produktprogramm folgende vier Artikel: Das Bücherregal „Ben", den Küchenstuhl „Olga", den Garten-Liegestuhl „Lars" und den Schuhschrank „Sven". Die jeweils auf ganze tausend Euro gerundeten Umsatzzahlen dieser Artikel entwickelten sich in den Quartalen der ersten zwei Jahren nach Produkteinführung wie folgt:

	I/01	II/01	III/01	IV/01	I/02	II/02	III/02	IV/02
„Ben"	311.000	234.000	267.000	498.000	323.000	245.000	312.000	603.000
„Olga"	198.000	221.000	234.000	318.000	254.000	224.000	187.000	211.000
„Lars"	124.000	598.000	250.000	121.000	243.000	601.000	276.000	132.000
„Sven"	98.000	87.000	88.000	79.000	93.000	78.000	54.000	43.000

Sie sind Sachbearbeiterin bzw. Sachbearbeiter bei Ikeaki und sollen das Zahlenmaterial mit Hilfe des Tabellenkalkulationsprogramms Excel aufbereiten.

Arbeitsauftrag

Erstellen Sie mit dem Programm Excel die oben dargestellte Tabelle. Ergänzen Sie die Tabelle dabei um eine Summenzeile, in der automatisch die Quartalsumsätze aufsummiert werden.

3.1 Eingabe von Text und Zahlen

Geben Sie den Text und die Zahlen wie unten dargestellt ein.

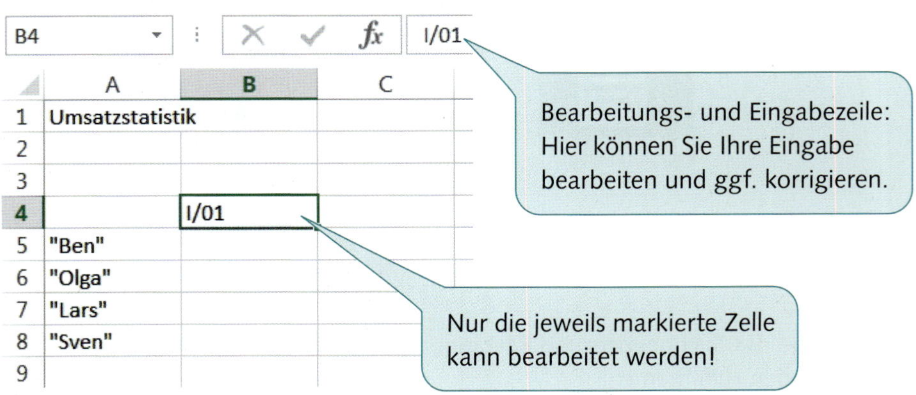

Merke

Geben Sie das 1000er-Trennzeichen (z. B. 311.000) noch nicht bei der Dateneingabe ein! Dies lässt sich später wesentlich komfortabler über die Formatierung der Zellen einfügen.

3.2 Eingabe von Formeln und Funktionen

Formeln

Formeln werden auf die gleiche Art und Weise wie Text und Zahlen direkt in die Zelle bzw. in die Bearbeitungszeile eingetragen. Nachdem die eingegebene Formel bestätigt wurde, zeigt Excel in der Zelle das Ergebnis der Berechnung und in der Bearbeitungszeile jeweils die dazugehörige Formel an.

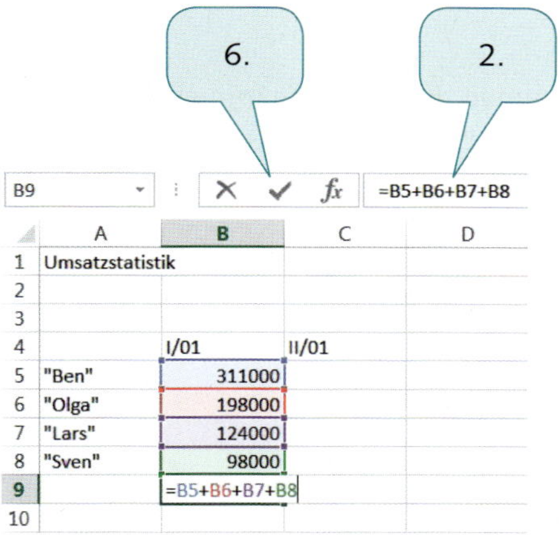

Eingabe der Formel:

1. Markieren Sie die Zelle, in die die Formel eingegeben werden soll.
2. Geben Sie das Gleichheitszeichen in die Eingabezeile ein, um die Formeleingabe einzuleiten.
3. Markieren Sie die erste Zelle, die addiert werden soll.
4. Geben Sie das Rechenzeichen + ein und klicken Sie die nächste Zelle an, die addiert werden soll.
5. Fahren Sie so lange fort, bis alle Zellen, die addiert werden sollen, in die Formel einbezogen sind.
6. Wenn die Formel vollständig ist, bestätigen Sie mit RETURN oder klicken Sie auf den Haken in der Eingabezeile. Es erscheint das Ergebnis der Berechnung.

Durch die individuelle Eingabe von einzelnen Zellen in Verbindung mit den verschiedenen Rechenzeichen lassen sich Rechenoperationen ähnlich wie bei einem Taschenrechner berechnen.

Zeichen für Rechenoperationen:

Rechenoperation	Zeichen	Beispiel (s. o.: Spalte I/01)	Ergebnis
Addieren	*	=b5+b6+b7+b8	731.000
Subtrahieren	–	=b5-b6	113.000
Multiplizieren	*	=b5*2	622.000
Dividieren	/	=b5/b8	3,17347
Prozent	%	=b5*20%	62.200
Potenz	^	=4^5	1.024

Besonderheiten bei der Eingabe von Rechenoperationen

Wenn Sie in eine Zelle ein Rechenzeichen + oder – gefolgt von einem Text eingeben, geht Excel davon aus, dass eine Berechnung durchgeführt werden soll. Entsprechend fügt das Programm automatisch vor dem Rechenzeichen ein Gleichheitszeichen ein.

So wird beispielsweise die Eingabe „+ Umsatzsteuer“ nach Betätigung der <Return>-Taste zu „=+ Umsatzsteuer“ umgewandelt. Diese Rechenoperation versteht Excel nicht und zeigt dementsprechend eine Fehlermeldung an.

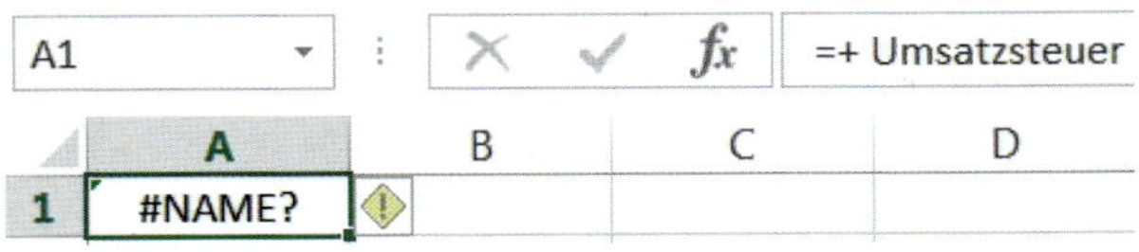

Wenn Sie möchten, dass der Rechenoperator + oder – zusammen mit einem Text in einer Zelle angezeigt wird, beginnen Sie die Eingabe mit dem Hochkomma ‘ (Shift + <#>-Taste). Excel erkennt den Zelleninhalt dann als Text und zeigt ihn korrekt an.

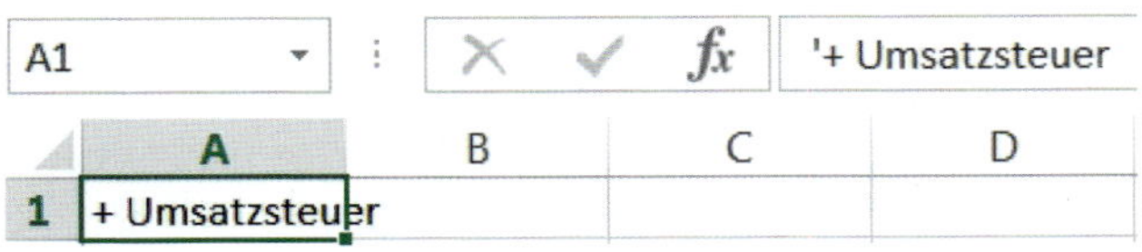

Grundregeln bei der Eingabe von Formeln

- Die Eingabe einer Formel **beginnt immer** mit dem Gleichheitszeichen **=** !
- Geben Sie **keine Leerzeichen** in die Formel ein!
- Soll in einer Formel auf den Inhalt einer bestimmten Zelle Bezug genommen werden, geben Sie die **Koordinaten der Zelle statt des Zahlenwertes** ein (z. B. „b5“ statt „311000“). Nach jeder Veränderung der Zahlenwerte der Tabelle werden automatisch alle Formeln neu berechnet und die richtigen Ergebnisse angezeigt. Die Formeln müssen dann nicht neu eingegeben, sondern ggf. nur die zu berechnenden Zahlen verändert werden.
- Wenn Sie konstante Zahlenwerte in die Formel eingegeben haben (z. B. =b5*3,14), können Sie den Zahlenwert nur in der Formel selbst aktualisieren.
- Bei Excel-Formeln gilt wie in der Mathematik **Punkt vor Strich** (bei =a1+a2*a3 würde z.B. zunächst a2*a3 berechnet und das Ergebnis dann zu a1 addiert werden)!
- Durch das **Setzen von Klammern** kann die Reihenfolge der Berechnungen gezielt beeinflusst werden: =(a1+a2)*a3

Funktionen

Eine Vielzahl von Rechenoperationen, die in vielen Anwendungsbereichen benötigt werden, brauchen nicht individuell durch das Eingeben von Formeln erstellt werden. Excel bietet hier eine große Auswahl von **vorgefertigten Formeln** an, die als **Funktionen** bezeichnet werden.

Die Summenfunktion

Das Aufsummieren von Zahlen durch die Eingabe einer Formel (=b5+b6+b7...) wird spätestens bei längeren Zahlenreihen bzw. -spalten sehr aufwendig. Excel bietet hier wesentlich komfortablere Möglichkeiten. Durch die Verwendung der Summenfunktion, die durch Anklicken des Summensymbols Σ automatisch generiert wird, lässt sich das Aufsummieren wesentlich schneller und einfacher bewerkstelligen. In unserem Ausgangsbeispiel steht in der Zelle c9 nun statt =c5+c6+c7+c8 die Summenfunktion: =SUMME(C5:C8)

1. Markieren Sie die Zelle, in der die Summe berechnet werden soll.
2. Klicken Sie das Summen-Symbol Σ in der Symbolleiste (Start/Bearbeiten) an.
3. Verändern Sie (falls erforderlich) den zu summierenden Bereich durch entsprechendes Ziehen mit der Maus (hier nicht notwendig!).
4. Bestätigen Sie mit RETURN. Es erscheint das Ergebnis der Berechnung.

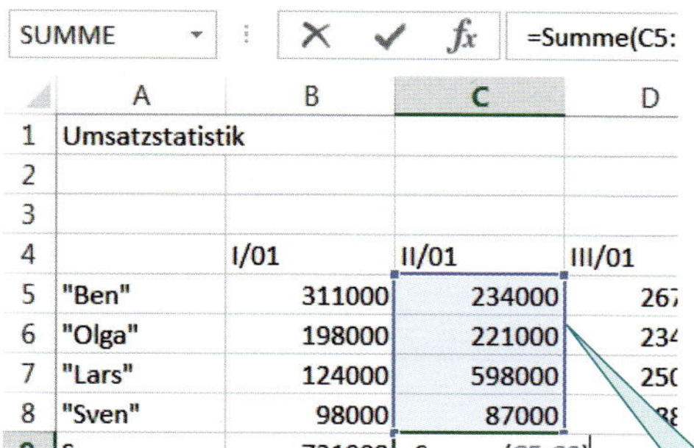
SUMME | =Summe(C5:

	A	B	C	D
1	Umsatzstatistik			
2				
3				
4		I/01	II/01	III/01
5	"Ben"	311000	234000	26
6	"Olga"	198000	221000	23
7	"Lars"	124000	598000	25
8	"Sven"	98000	87000	

Markierung für Summenbildung

Merke

Die Summenfunktion, die mit dem Summensymbol Σ aktiviert wird, durchsucht automatisch Zeilen und Spalten und schlägt einen Bereich für die Summe vor, der entsprechend markiert wird. Der markierte Bereich kann verändert und der vorgegebene Zellbereich dadurch individuell angepasst werden.

Der Funktionsassistent

Neben dem direkten Eingeben der Funktion in die Bearbeitungszeile bietet Excel einen Funktionsassistenten, der Sie bei der Auswahl und Eingabe von Funktionen unterstützt.

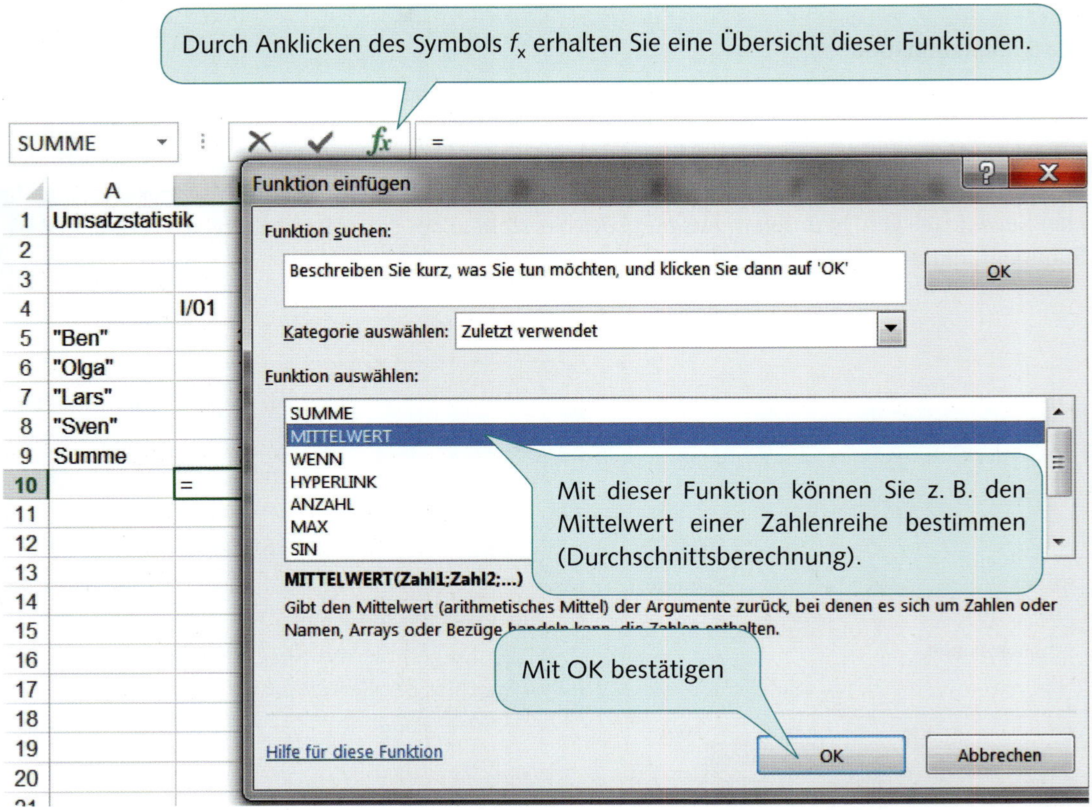

Die Mittelwert-Funktion

Die Berechnung des arithmetischen Mittels, also die Durchschnittsberechnung, erfolgt in Excel mit Hilfe der Mittelwert-Funktion.

Die Mittelwert-Funktion hat folgende Syntax: **=MITTELWERT(Zellbereich)**

Als Zellbereich können Einzelwerte, wie z. B. =mittelwert(b5;b7;b8), oder zusammenhängende Zellbereiche angegeben werden: =mittelwert(b5:b8). Die Einzelwerte werden grundsätzlich mit einem Strichpunkt getrennt, Zellbereiche sind mit einem Doppelpunkt einzugeben.

Die Mittelwert-Funktion kann wie alle Funktionen direkt in die Bearbeitungszeile der jeweiligen Zellen eingegeben oder mit Hilfe des Funktionsassistenten erstellt werden.

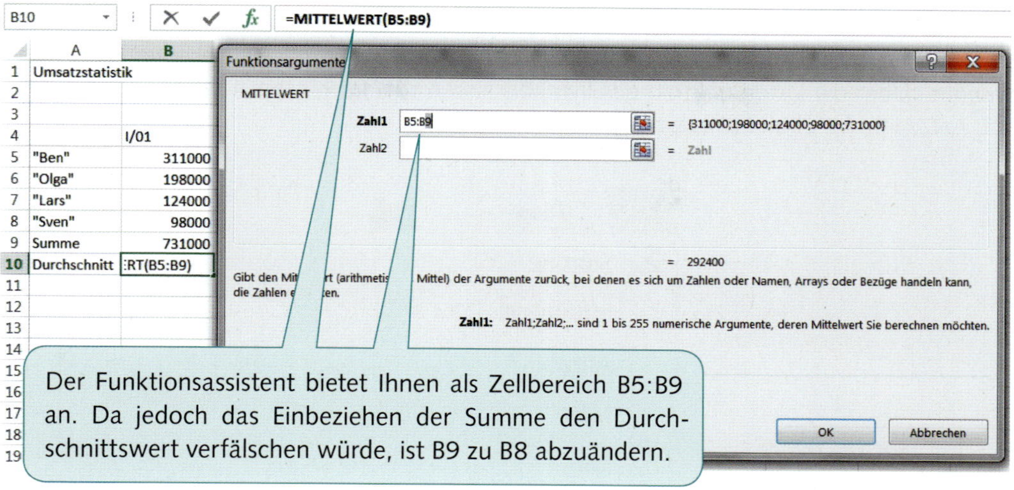

Die Minimum- und Maximum-Funktion

Mit der Minimum- und Maximumfunktion ermittelt Excel den kleinsten bzw. den größten Wert einer Zahlenreihe.

=MIN(Zellbereich) **=MAX(Zellbereich)**

	A	B
1	Umsatzstatistik	
2		
3		
4		I/01
5	"Ben"	311000
6	"Olga"	198000
7	"Lars"	124000
8	"Sven"	98000
9	Summe	731000
10	Durchschnitt	292400
11	Minimum	98000
12	Maximum	311000

=summe(b5:b8)

=mittelwert(b5:b8)

=min(b5:b8)

=max(b5:b8)

Merke

Bei der Verwendung von Funktionen gelten die gleichen Regeln wie bei der Eingabe von Formeln. Jede Funktion beginnt mit dem Gleichheitszeichen = und enthält keine Leerzeichen. Durch die Nutzung des Funktionsassistenten werden formale Fehler minimiert, da die Syntax der Funktion vorgegeben wird.

Einfache Funktionen schnell über ein Symbol eintragen

Die Funktion SUMME können Sie wie bereits ausgeführt, direkt durch das Anklicken des Symbols Σ verwenden. Über die Listenfunktion des Symbols lassen sich auch schnell die Funktionen MITTELWERT, ANZAHL, MAX und MIN einfügen.

Gehen Sie dabei folgendermaßen vor:

- Klicken Sie auf die Zelle, in die das Ergebnis der Funktion eingetragen werden soll.
- Wählen Sie die gewünschte Funktion im geöffneten Listenfeld aus.
- Übernehmen Sie den von Excel vorgeschlagenen Zellbereich indem Sie mit der <Return>-Taste bestätigen oder markieren Sie einen anderen Zellbereich und bestätigen dann mit der <Return>-Taste.

Funktionen mit Hilfe der Funktionenbibliothek eingeben

Damit Sie eine Funktion möglichst schnell finden, bietet die Funktionenbibliothek einen guten Überblick. Die über 400 von Excel angebotenen Funktionen sind dort nach Kategorien zusammengefasst. Sie finden die Funktionsbibliothek im Register FORMELN.

3.3 Löschen von Zellen, Zeilen und Spalten

Vorgehensweise beim Löschen von Zellinhalten

1. Markieren Sie die **zu löschende Zelle/den zu löschenden Zellbereich** (bzw. die zu löschende Spalte oder Zeile).

2. Um die markierten Zellinhalte zu löschen, drücken Sie einfach die ***Entfernen-Taste***.

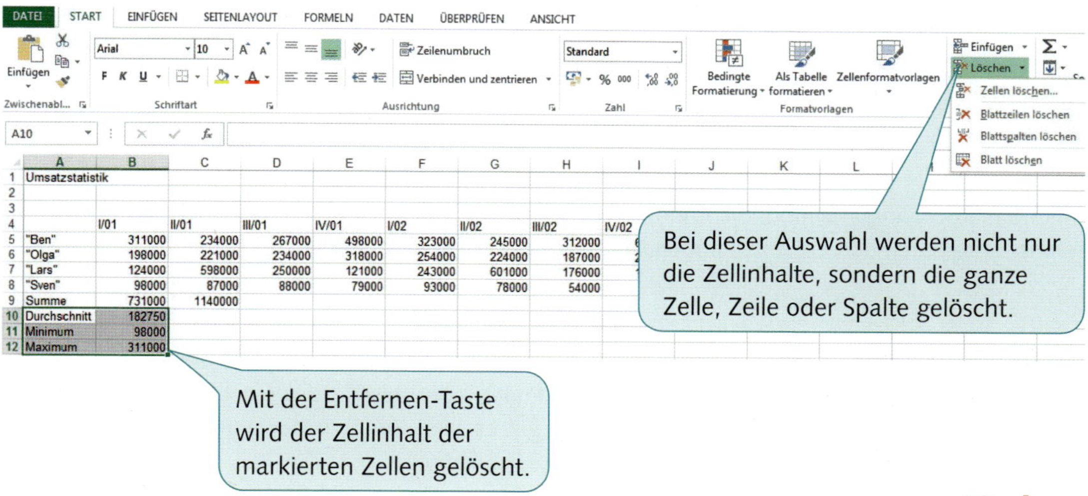

Merke

Wenn Sie den Zellinhalt einer Tabelle löschen, wird lediglich der Inhalt der Zelle, also der Zelleintrag gelöscht. Die Zelle ist anschließend leer und steht für andere Eingaben zur Verfügung. Wenn Sie dagegen ganze Zellen löschen (***Register Start/Zellen löschen***), werden die Zellen von rechts oder von unten aufgerückt.

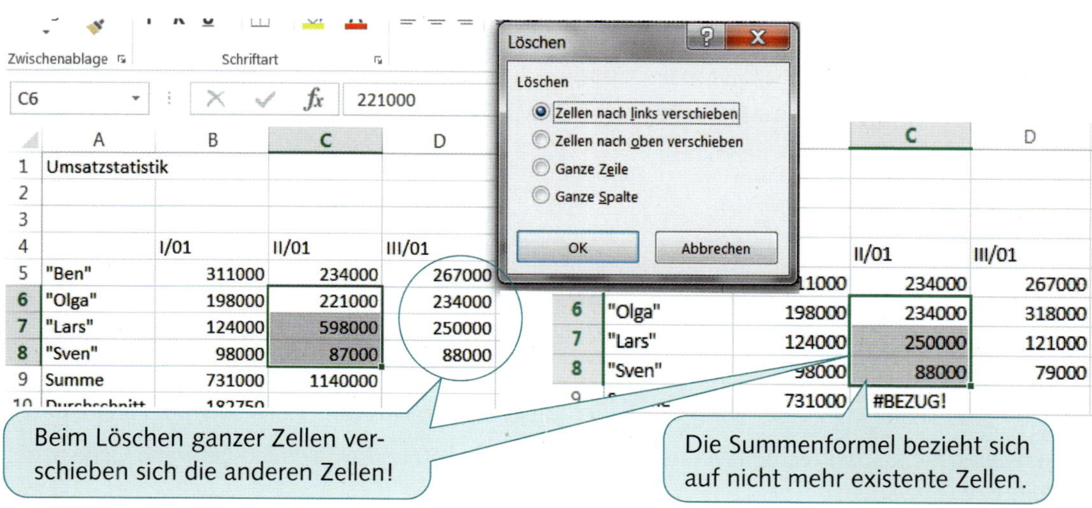

Über das Klicken auf das ***Rückgängig-Symbol*** oder den Shortcut Strg + Z können Sie sich die gelöschten Zellen wieder zurückholen.

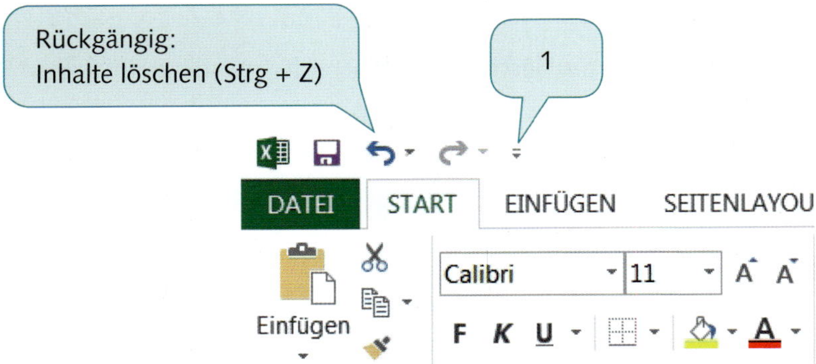

Sollte das Rückgängig-Symbol nicht in der Symbolleiste für den Schnellzugriff erscheinen, kann die Symbolleiste durch den entsprechenden Mausklick **(1)** angepasst werden.

Merke

Die Funktion ***Rückgängig*** ist immer dann sinnvoll, wenn ein Fehler auftaucht und man nicht in der Lage ist, die Ursache für diesen Fehler zu finden oder das Korrigieren des Fehlers zu aufwendig wäre. Gerade in der Prüfungssituation gilt es hier, Ruhe zu bewahren und durch das Rückgängigmachen zu dem Ausgangsschritt zurückzukehren.

3.4 Einfügen von Zellen, Zeilen und Spalten

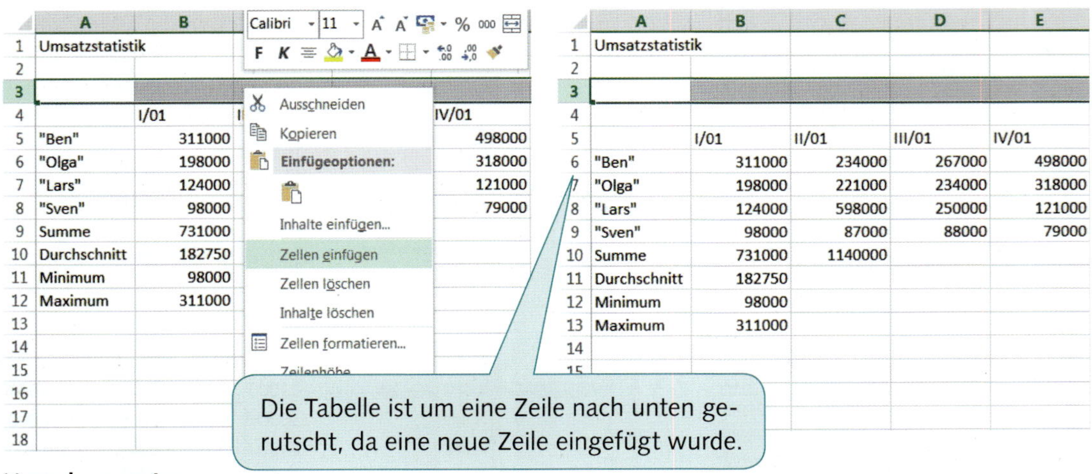

Vorgehensweise:

1. Zelle/Zeile/Spalte markieren, vor (!) die in der Tabelle eine Zelle/Zeile/Spalte eingefügt werden soll.
2. Aktivieren Sie mit der rechten Maustaste das Kontextmenü und wählen Sie ***Einfügen/Zelle*** bzw. ***Zeile*** bzw. ***Spalte*** aus.

3.5 Ausschneiden, Kopieren und Einfügen von Zellen

Damit nicht jeder Text bzw. jede Formel neu eingegeben werden muss, bietet Excel ähnlich wie andere Office-Anwendungen die Möglichkeit, Zellen auszuschneiden ✂, zu kopieren und einzufügen.

Die Besonderheit besteht darin, dass Formeln und Funktionen „intelligent" kopiert werden, indem sie automatisch an den neuen Zellbereich angepasst werden.

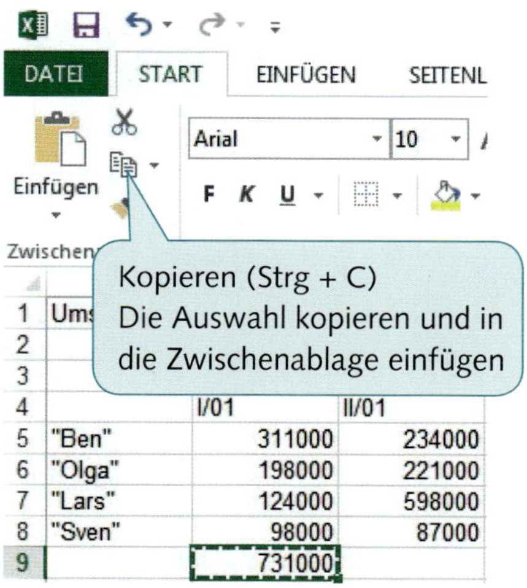

Vorgehensweise:

1. Markieren Sie die zu kopierende Zelle.
2. Klicken Sie das Kopieren-Symbol an.
3. Markieren Sie die Zellen, in die Sie die Formel kopieren wollen (s. u.).
4. Klicken Sie auf das Einfügen-Symbol

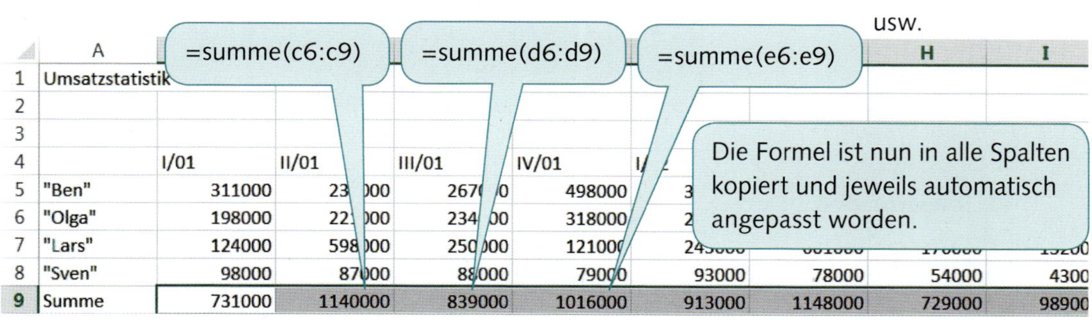

Schnelles Kopieren mit der Maus (Drag & Drop)

4		I/01	II/01	III/01	IV/01	I/02	II/02	III/02	IV/02
5	"Ben"	311000	234000	267000	498000	323000	245000	312000	603000
6	"Olga"	198000	221000	234000	318000	254000	224000	187000	211000
7	"Lars"	124000	598000	250000	121000	243000	601000	176000	132000
8	"Sven"	98000	87000	88000	79000	93000	78000	54000	43000
9	Summe	731000							

Ziehen Sie mit der Spitze des Mauszeigers auf die rechte untere Ecke der zu kopierenden Zelle. Wenn das Zeichen + erscheint, drücken Sie die linke Maustaste und ziehen Sie bei gedrückter Maustaste in den Zellbereich, in den die Zelle kopiert werden soll.

3.6 Aus- und Einblenden von Spalten und Zeilen

Manchmal kann es nützlich sein, dass nicht alle Spalten bzw. Zeilen auf dem Bildschirm und auch im Ausdruck erscheinen. Excel bietet für diese Zwecke die Möglichkeit, Zeilen bzw. Spalten auszublenden.

Gehen Sie dazu folgendermaßen vor:

- Markieren Sie die Spalten bzw. die Zeilen, die Sie ausblenden wollen.
- Klicken Sie mit der rechten Maustaste auf eine der markierten Spalten bzw. Zeilen.
- Rufen Sie im Kontextmenü den Menüpunkt AUSBLENDEN auf.

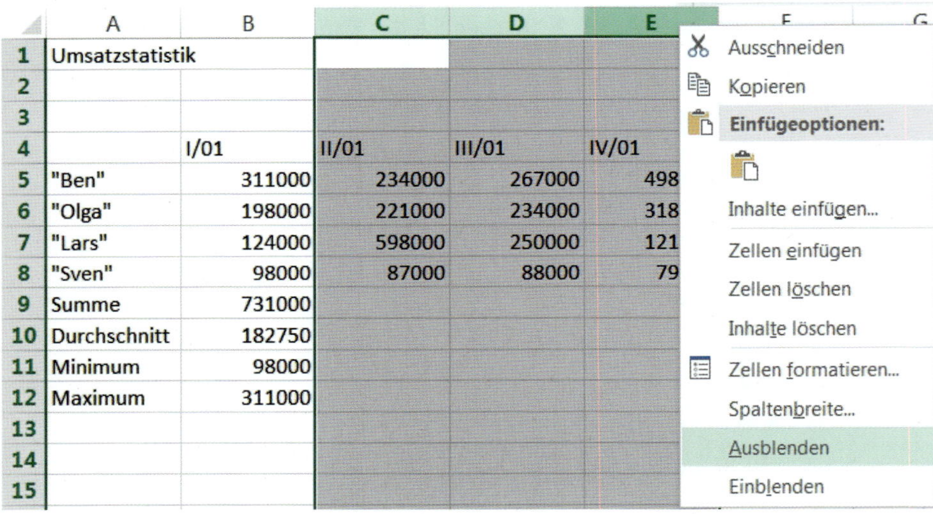

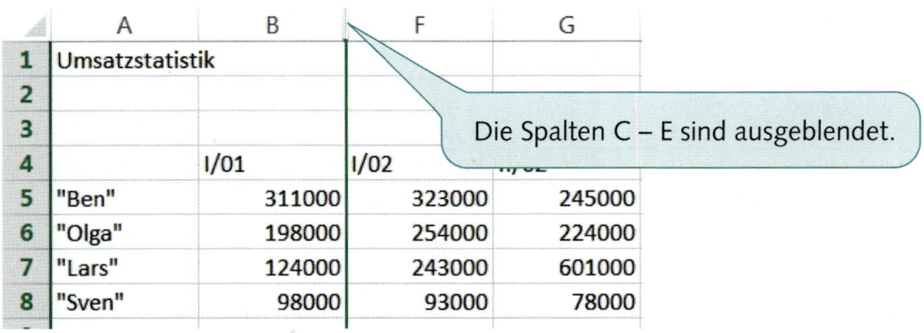

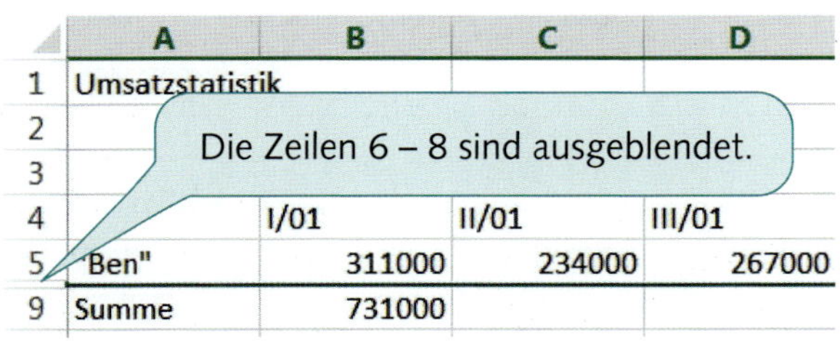

Über das Kontextmenü können die ausgeblendeten Spalten bzw. Zeilen wieder eingeblendet werden.

3.7 Arbeiten mit mehreren Tabellenblättern

Excel bietet die Möglichkeit in einer Excel-Datei mit mehreren Tabellenblättern zu arbeiten. Sie können sich in einer Formel auf Zellen bzw. Zellbereiche beziehen, die sich in anderen Tabellenblättern befinden, indem Sie ***dreidimensional adressieren***. Dabei geben Sie vor dem Spaltenbuchstaben und der Zeilennummer für den Zellbezug auch den entsprechenden Tabellenblattnamen an.
Die allgemeine Syntax lautet entsprechend:

Tabellenblattname!Zellbezug

Export Europa | Export außereurop. Ausland | Export gesamt

Tabellenblatt „Export Europa"

	A	B	C
1	***Absatzzahlen (Export innerhalb Europas)***		
2			
3		**Produkt A**	**Produkt B**
4	**Privatkunden**	1.345.623	789.354
5	**Firmenkunden**	3.874.602	2.985.621

Tabellenblatt „Export außereurop. Ausland"

	A	B	C
1	***Absatzzahlen (Export ins außereurop. Ausland)***		
2			
3		**Produkt A**	**Produkt B**
4	**Privatkunden**	34.698	13.478
5	**Firmenkunden**	198.356	341.879

Tabellenblatt „Export gesamt"

	A	B	C
1	***Absatzzahlen (Export gesamt)***		
2			
3		**Produkt A**	**Produkt B**
4	**Privatkunden**	1.380.321	802.832
5	**Firmenkunden**	4.072.958	3.327.500

fx ='Export Europa'!B4+'Export außereurop. Ausland'!B4

Die vollständige Zellbezeichnung (im obigen Beispiel in Zelle B4: 'Export Europa'!B4 und ‚Export außereurop. Ausland'!B4) kann manuell eingegeben werden. Wesentlich schneller und unkomplizierter können die Zellbezüge jedoch per Mausklick erstellt werden.

Zellbezüge auf andere Tabellenblätter per Mausklick erstellen

- Beginnen Sie mit der Eingabe der Formel in die Ergebniszelle einschließlich des Operators bzw. der Funktion, der bzw. die vor dem Zellbezug auf ein anderes Tabellenblatt stehen soll.
- Aktivieren Sie das Tabellenblatt, das die Zelle bzw. den Zellbereich enthält, zu der/dem Sie den Bezug herstellen möchten.
- Markieren Sie die betreffende Zelle bzw. den gewünschten Zellbereich. Der entsprechende Tabellenblattname und die Zellbezeichnung werden automatisch in die Bearbeitungsleiste eingefügt.
- Vervollständigen Sie die Formel und schließen Sie die Formeleingabe mit der RETURN-Taste ab.

4.1 Formatieren von Tabellen

Rahmenlehrplan Lernfeld 3 („Aufträge bearbeiten"):

„Die Schülerinnen und Schüler führen mit Hilfe eines Tabellenkalkulationsprogramms (*Aufbau und* ***Formatierung von Tabellen****, Einsatz von Funktionen und Formeln sowie geeignete Zelladressierungen*) einfache Preisberechnungen durch."

Nachdem die Rohfassung der Tabelle steht, können verschiedene Formatierungen vorgenommen werden. Um Zeit zu sparen, empfiehlt es sich, größere Zellbereiche und nicht einzelne Zellen zu formatieren.

Arbeitsauftrag

Formatieren Sie Ihre Tabelle entsprechend der folgenden Darstellung.

	A	B	C	D	E	F	G	H	I
1	**Umsatzstatistik**								
2									
3									
4		**I/01**	**II/01**	**III/01**	**IV/01**	**I/02**	**II/02**	**III/02**	**IV/02**
5	***"Ben"***	311.000	234.000	267.000	498.000	323.000	245.000	312.000	603.000
6	***"Olga"***	198.000	221.000	234.000	318.000	254.000	224.000	187.000	211.000
7	***"Lars"***	124.000	598.000	250.000	121.000	243.000	601.000	176.000	132.000
8	***"Sven"***	98.000	87.000	88.000	79.000	93.000	78.000	54.000	43.000
9	**Summe**	731.000	1.140.000	839.000	1.016.000	913.000	1.148.000	729.000	989.000

Merke

Alle vorgenommenen Formatierungen gelten immer nur für die vorher markierten Zellen!

4.1 Rahmen und Hintergrund

Die Gitternetzlinien, die auf Ihrem Bildschirm zu sehen sind, sind lediglich zur Orientierung gedacht und werden nicht ausgedruckt.

Um eine **Umrahmung mit Linien** wie in unserem Ausgangsbeispiel zu erreichen, gehen Sie folgendermaßen vor:

Markieren Sie den zu umrahmenden Bereich der Tabelle.

	A	B				F	G	H	I
1	Umsatzstatistik								
2									
3									
4		I/01	II/01	III/01	IV/01	I/02	II/02	III/02	IV/02
5	"Ben"	311000	234000	267000	498000	323000	245000	312000	603000
6	"Olga"	198000	221000	234000	318000	254000	224000	187000	211000
7	"Lars"	124000	598000	250000	121000	243000	601000	176000	132000
8	"Sven"	98000	87000	88000	79000	93000	78000	54000	43000
9	Summe	731000	1140000	839000	1016000	913000	1148000	729000	989000
10									

Kapitel 4

Klicken Sie auf den Listenfeldpfeil neben der Rahmenlinien-Palette.

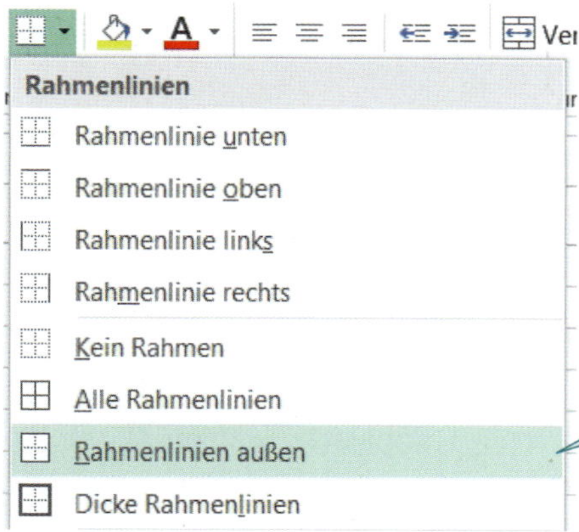

Durch Anklicken werden die von Ihnen markierten Zellen mit den jeweils dargestellten Linien versehen. Hier wird z. B. ein äußerer Rahmen um den gesamten markierten Bereich gezogen.

Wenn Sie **Rahmen** wieder **entfernen** wollen, markieren Sie den Bereich und wählen Sie aus der Rahmenlinien-Palette die Option ***Kein Rahmen***.

Eine weitere **Möglichkeit der Umrahmung** erhalten Sie, wenn Sie das Fenster ***Zellen formatieren*** aktivieren und dann das Register ***Rahmen*** auswählen.

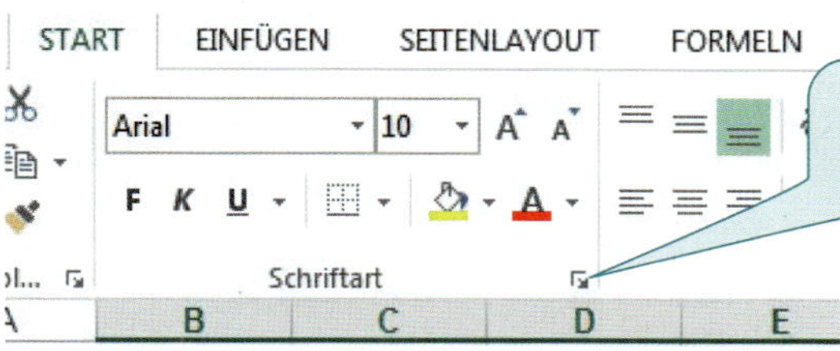

Hier aktivieren Sie im Register START das Fenster ***Zellen formatieren.***

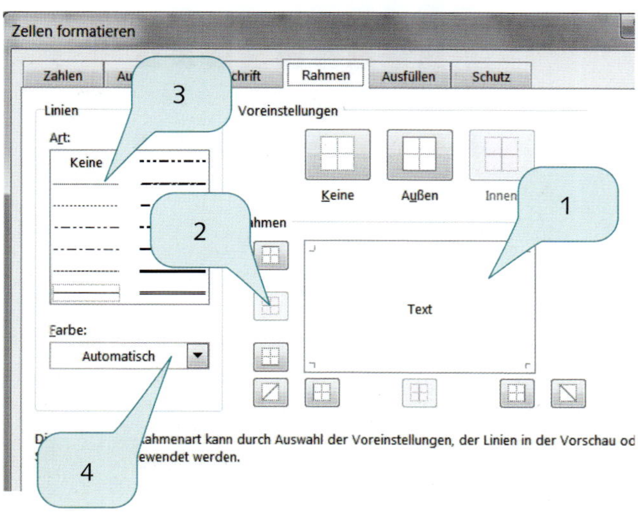

Klicken Sie im Register Rahmen **(1)** an die Position, an der die Linie erscheinen soll oder legen Sie die Linienpositionen mit Hilfe der Symbole **(2)** fest.

Die Art der Linie können Sie individuell festlegen **(3)** und darüber hinaus auch eine bestimmte Farbe der Linie **(4)** bestimmen.

Durch direktes Anklicken von vorhandenen Rahmenlinien **(1)** werden diese wieder gelöscht.

Wenn Sie die markierten Zellen mit einer **Hintergrundfarbe** bzw. einem Hintergrundmuster versehen wollen, wählen Sie im Dialogfenster ***Zellen formatieren*** das Register ***Ausfüllen***.

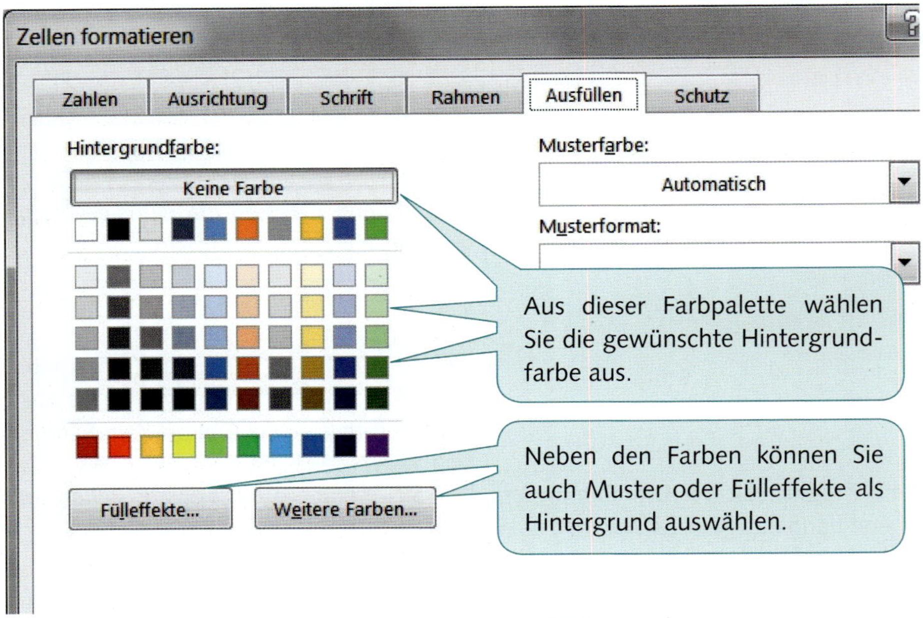

Merke

Das Verwenden von Hintergrundfarben für einzelne Zellen und Zellbereiche macht z. B. dann Sinn, wenn es darum geht, zwischen Eingabefeldern und Ergebnisfeldern zu unterscheiden. Der Nutzer der Excel-Tabelle sieht dann sofort, in welchen Zellen Formeln oder Funktionen eingegeben wurden, die durch Eingabe von neuen Werten gelöscht würden.

4.2 Spaltenbreite und Zeilenhöhe

Während sich die Zeilenhöhe automatisch an die Schriftgröße anpasst, ist die Spaltenbreite oftmals zu schmal bzw. zu breit und muss angepasst werden.

	A	B
1	Umsatzstatistik	
2		
3		
4		I/01
5	"Ben"	311000
6	"Olga"	198000
7	"Lars"	124000
8	"Sven"	98000
9	Summe	731000

Vorgehensweise:

1. Zeigen Sie mit dem Mauszeiger auf die Linie im Zwischenraum zwischen zwei Spaltenbuchstaben. Der Mauszeiger verändert sein Aussehen.
2. Drücken Sie nun die linke Maustaste und ziehen Sie bei gedrückter linker Maustaste die Spalte nach links oder nach rechts, um die Spaltenbreite individuell zu variieren.
3. Wenn Sie die Maustaste loslassen, ist die Spaltenbreite neu justiert.

	A	B
1	Umsatzstatistik	
2		
3		
4		I/01
5	"Ben"	311000
6	"Olga"	198000

Die Spaltenbreite wird automatisch auf den längsten Zelleintrag der markierten Spalte angepasst, wenn auf den Zwischenraum zum rechten Nachbarbuchstaben ***doppelt geklickt*** wird (= optimale Spaltenbreite).

Die ***Veränderung der Zeilenhöhe*** funktioniert genauso wie die der Spaltenbreite. Wenn Sie den Mauszeiger auf die Linie zwischen zwei Zeilennummern bewegen, können Sie bei gedrückter linker Maustaste die Zeilenhöhe neu justieren.

In Excel wird immer die Breite der kompletten Spalte bzw. Höhe der kompletten Zeile verändert. Es ist nicht möglich, die Breite einer einzigen Zelle zu verändern.

Wenn nach einer Verringerung der Spaltenbreite Zahlen zu groß für die korrekte Darstellung sind, werden in den entsprechenden Zellen statt der Zahlen #-Zeichen als Platzhalter angezeigt. Verbreitern Sie in diesem Fall die jeweilige Spalte, bis die Zahlen wieder korrekt angezeigt werden.

	A	B
1	**Umsatzsta**	
2		
3		
4		I/01
5	"Ben"	######

4.3 Schriftformatierung

Die Schriftart sowie die Schriftattribute lassen sich – wie auch in anderen Office-Anwendungen üblich – am einfachsten und schnellsten über die Symbolleiste formatieren.

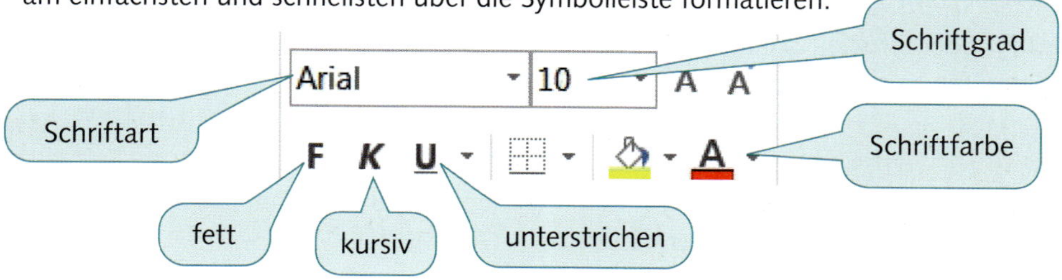

Für besondere Schriftattribute (z. B. doppelte Unterstreichung, hochgestellten Text u. ä.) aktivieren Sie das Fenster ***Zellen formatieren***, über das sich alle Zellformatierungen zuweisen lassen.

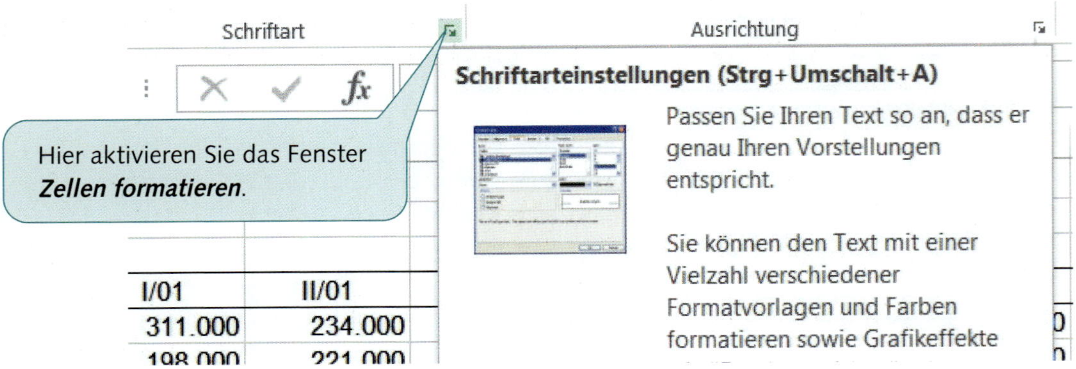

Kapitel 4

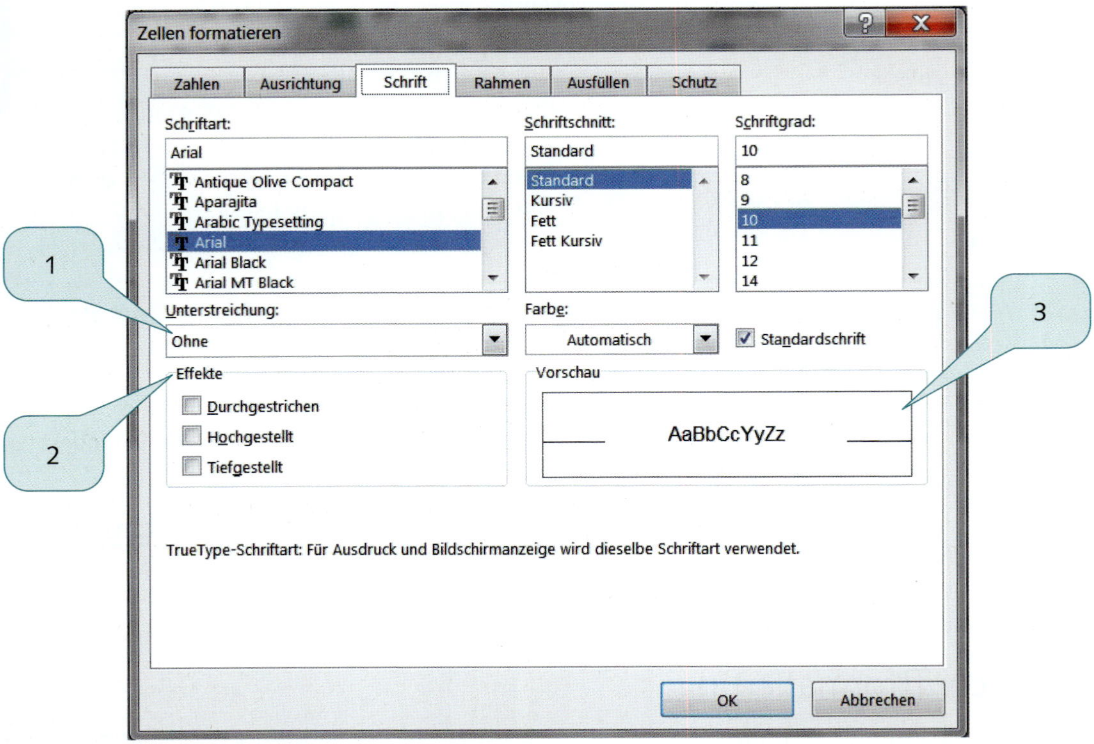

Im Register ***Schrift*** lassen sich neben den Standard-Schriftenformatierungen spezielle Unterstreichungen **(1)** oder Effekte **(2)** einstellen. Im Vorschaufenster **(3)** lässt sich das Ergebnis der Formatierung überprüfen.

Merke

Das ausgewählte Format wird immer nur den vorher markierten Zellen zugewiesen.
Es gilt also: **Erst markieren, dann formatieren!**

4.4 Zahlenformatierung

Excel dient als Tabellenkalkulation vor allem auch dazu, Berechnungen verschiedenster Art durchzuführen. Die Formatierung der Zahlen (z. B. mit 1000er-Trennzeichen, als Währung) wirken sich nur auf die optische Anzeige aus.

Merke

Die Berechnung erfolgt mit dem genauen Inhalt der Zelle unabhängig von der Formatierung. Wenn eine Zahl mit Nachkommastellen also ohne Nachkommastellen dargestellt wird, rechnet Excel mit der genauen Zahl, also mit den Nachkommastellen!

Über die Symbolleiste können markierte Zellen durch Anklicken der entsprechenden Symbole mit den verschiedenen Zahlenformaten versehen werden.

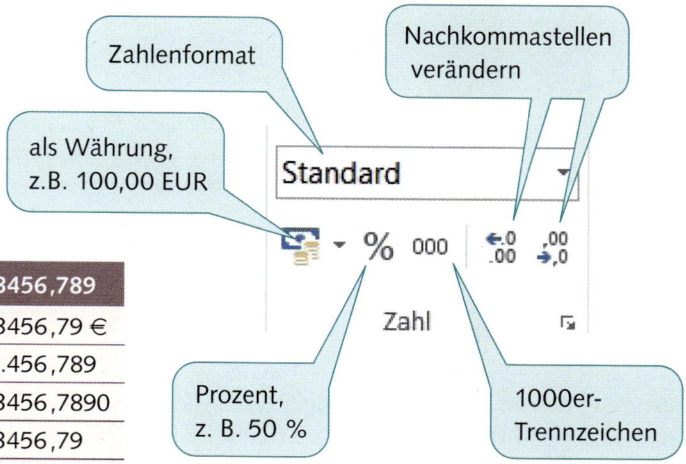

Standard (vor der Formatierung)	3456,789
Währungsformat	3456,79 €
1.000er Trennzeichen	3.456,789
Nachkommastelle hinzufügen	3456,7890
Nachkommastelle ausblenden	3456,79
Prozentformat	345678,9 %

Merke

Eine Zelle, die im Prozentformat formatiert wird, macht aus der vorher eingegebenen Zahl eine Prozentzahl, multipliziert also immer mit 100. Für den Wert 50 % müsste also vorher die Zahl 0,5 eingegeben worden sein. Dies gilt nicht, wenn die Zelle schon vor der Dateneingabe im Prozentformat formatiert war.

Arbeitsauftrag

In unserem Ausgangsbeispiel sollen alle Zahlen mit 1000er-Trennzeichen ohne Nachkommastellen formatiert werden.

4		I/01	II/01	III/01	IV/01	I/02	II/02	III/02	IV/02
5	"Ben"	311.000	234.000	267.000	498.000	323.000	245.000	312.000	603.000
6	"Olga"	198.000	221.000	234.000	318.000	254.000	224.000	187.000	211.000
7	"Lars"	124.000	598.000	250.000	121.000	243.000	601.000	176.000	132.000
8	"Sven"	98.000	87.000	88.000	79.000	93.000	78.000	54.000	43.000
9	Summe	731.000	1.140.000	839.000	1.016.000	913.000	1.148.000	729.000	989.000

Auch die Zahlenformatierung können Sie über die Auswahl ***Zellen formatieren*** festlegen. Aktivieren Sie dazu das Register ***Zahlen***.

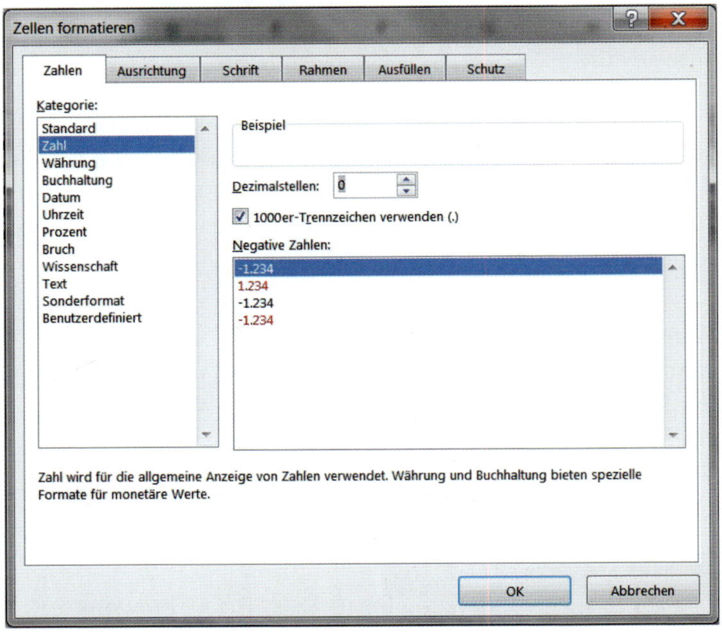

Wenn Sie Zahlen als Text behandeln wollen (wie im unten stehenden Beispiel die Jahreszahlen als Spaltenüberschriften), wählen Sie im Dialogfenster ***Zellen formatieren***, Register ***Zahlen*** die Kategorie ***Text***.

Noch schneller geht es, wenn Sie vor Eingabe der Zahlen zunächst einen Apostroph ' (Umschalttaste + #-Taste) in die jeweilige Zelle eingeben. Die Zahl erscheint dann linksbündig als Text. Wird diese Änderung nicht vorgenommen, besteht immer die Gefahr, dass versehentlich mit der Zahl (hier Jahreszahl) gerechnet wird.

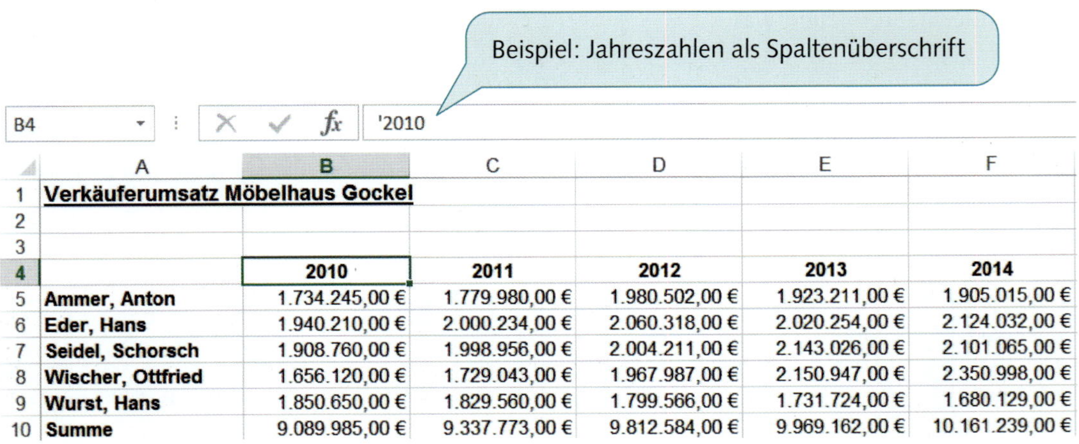

	A	B	C	D	E	F
1	**Verkäuferumsatz Möbelhaus Gockel**					
2						
3						
4		**2010**	**2011**	**2012**	**2013**	**2014**
5	**Ammer, Anton**	1.734.245,00 €	1.779.980,00 €	1.980.502,00 €	1.923.211,00 €	1.905.015,00 €
6	**Eder, Hans**	1.940.210,00 €	2.000.234,00 €	2.060.318,00 €	2.020.254,00 €	2.124.032,00 €
7	**Seidel, Schorsch**	1.908.760,00 €	1.998.956,00 €	2.004.211,00 €	2.143.026,00 €	2.101.065,00 €
8	**Wischer, Ottfried**	1.656.120,00 €	1.729.043,00 €	1.967.987,00 €	2.150.947,00 €	2.350.998,00 €
9	**Wurst, Hans**	1.850.650,00 €	1.829.560,00 €	1.799.566,00 €	1.731.724,00 €	1.680.129,00 €
10	**Summe**	9.089.985,00 €	9.337.773,00 €	9.812.584,00 €	9.969.162,00 €	10.161.239,00 €

4.5 Zellausrichtung

Standardmäßig richtet Excel eingegebenen Text linksbündig und Zahleneingaben rechtsbündig zur jeweiligen Spaltenbegrenzung aus. Diese Einstellungen können Sie schnell mit den verschiedenen Symbolen abändern:

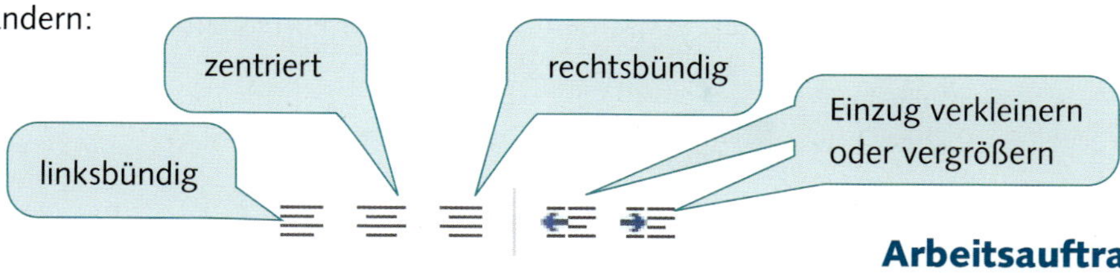

Arbeitsauftrag

Zentrieren Sie die Spaltenüberschriften in unserem Ausgangsbeispiel.

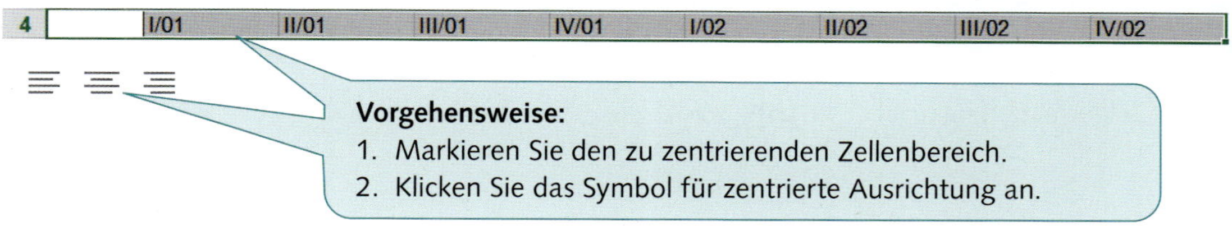

Über das Fenster ***Zellen formatieren*** werden im ***Register Ausrichtung*** weitere Möglichkeiten der Zellausrichtung angeboten.

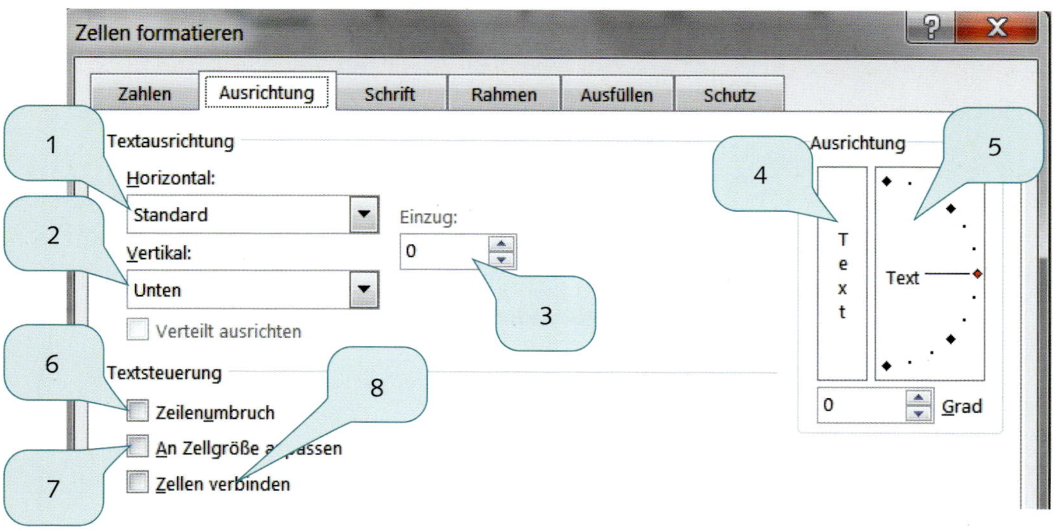

Die Zelle lässt sich horizontal **(1)** und vertikal **(2)** ausrichten. Bei einer Ausrichtung nach links kann ein Einzug **(3)** festgelegt werden. Durch einen Klick auf den Bereich **(4)** wird der Text der Zelle senkrecht dargestellt. Im Feld **(5)** können Sie bei gedrückter Maustaste (Drag & Drop) den Zellinhalt in jeden beliebigen Winkel drehen. Durch das Setzen eines Hakens können Sie einen Zeilenumbruch aktivieren **(6)**, die Darstellung des Zellinhalts automatisch an die Spaltenbreite anpassen **(7)** oder mehrere Zellen zu einem Zellbereich verbinden **(8)**.

4.6 Zellformatierungen schnell kopieren

Manchmal kann es sehr nützlich sein, bestehende Formatierungen einfach auf andere Zellbereiche zu übertragen, also quasi die Zellformatierung zu kopieren. Dabei spielt es keine Rolle, ob die Zellen einen Inhalt haben oder leer sind. Es werden dabei nur die Formatierungen, nicht die Zellinhalte kopiert.

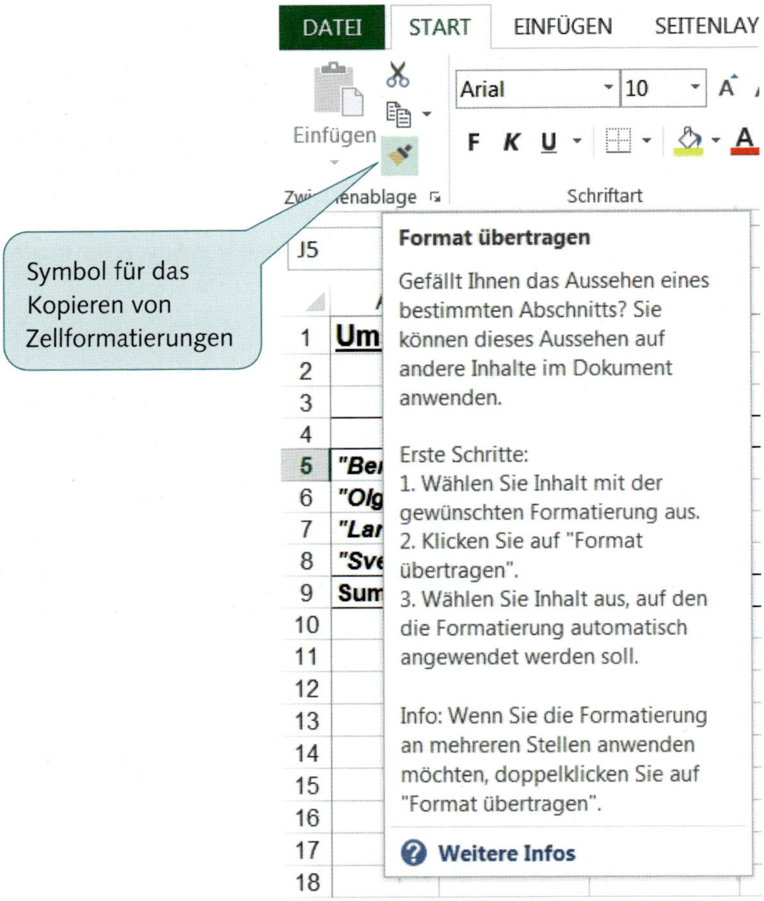

Gehen Sie dazu wie folgt vor:

- Markieren Sie die Zelle mit der Formatierung, die Sie übertragen wollen.
- Klicken Sie auf das Symbol  für das Kopieren von Zellformatierungen.
- Klicken Sie auf eine Zelle oder ziehen Sie mit der Maus über den Bereich, auf den Sie das Format übertragen möchten.

5. Erstellen von Diagrammen

Rahmenlehrplan Lernfeld 4 („Sachgüter und Dienstleistungen beschaffen und Verträge schließen"):

„Die Schülerinnen und Schüler [...] **erstellen geeignete Diagramme und nutzen diese für ihre Entscheidungen.**"

Excel bietet die Möglichkeit, auf sehr komfortable Art Diagramme zu erstellen und damit Zahlen zu veranschaulichen. Diagramme werden oftmals in Präsentationen genutzt, da sie Tabellendaten weitaus übersichtlicher und wirkungsvoller visualisieren als reine Zahlenkolonnen. Zwischen einem Diagramm und den Tabellendaten besteht eine Verknüpfung. Ändern sich die Daten der Tabelle, wird das entsprechende Diagramm automatisch angepasst.

Excel bietet für die Diagrammgestaltung verschiedene Standard-Diagrammtypen (z. B. Balken-, Linien-, Kreisdiagramme) zur Auswahl an, die sich jeweils noch weiter variieren lassen.

Arbeitsauftrag

Erstellen Sie ein Diagramm, durch das die Entwicklung der Umsatzzahlen der vier Produkte „Ben", „Olga", „Lars" und „Sven" im direkten Vergleich veranschaulicht wird.

Das Erstellen von Diagrammen ist auch ein fester Bestandteil der Prüfung für Kaufleute für Büromanagement. Während in der obigen Aufgabe die Art des Diagramms weitgehend frei gestellt bleibt, gibt es in den Prüfungsaufgaben zum Teil recht detaillierte Vorgaben, die genau zu beachten sind, um die volle Punktzahl zu bekommen. Ein weiterer wichtiger Prüfungsbestandteil besteht darin, die dargestellten Zahlen richtig zu interpretieren.

5.1 Festlegen der Diagramm-Quelldaten

Zur Diagrammerstellung können Sie bei Excel 2013 auf eine sehr umfangreiche Symbolleiste zurückgreifen. Dadurch wird der Diagramm-Assistent von älteren Excel-Versionen hinfällig.

1. Schritt:

Markieren Sie zunächst die Diagramm-Quelldaten, also den Bereich, der im Diagramm dargestellt werden soll. Wählen Sie anschließend das Register ***Einfügen***. Es erscheint u. a. eine Auswahl von verschiedenen Diagrammtypen.

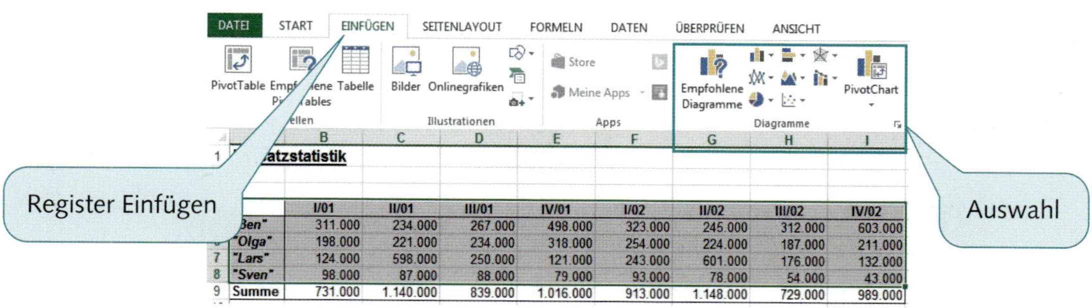

	I/01	II/01	III/01	IV/01	I/02	II/02	III/02	IV/02
"Ben"	311.000	234.000	267.000	498.000	323.000	245.000	312.000	603.000
"Olga"	198.000	221.000	234.000	318.000	254.000	224.000	187.000	211.000
"Lars"	124.000	598.000	250.000	121.000	243.000	601.000	176.000	132.000
"Sven"	98.000	87.000	88.000	79.000	93.000	78.000	54.000	43.000
Summe	731.000	1.140.000	839.000	1.016.000	913.000	1.148.000	729.000	989.000

5.2 Auswahl des Diagrammtyps

2. Schritt:

Wählen Sie den gewünschten Diagrammtyp aus. Bei der Auswahlentscheidung sollten die folgenden beiden Fragen im Mittelpunkt stehen:

- Welches Zahlenmaterial wird dargestellt?
- Was genau soll durch das Diagramm verdeutlicht werden?

Als mögliche Diagrammtypen kommen verschiedene grundsätzliche Diagrammarten in Frage.

Linien-diagramme

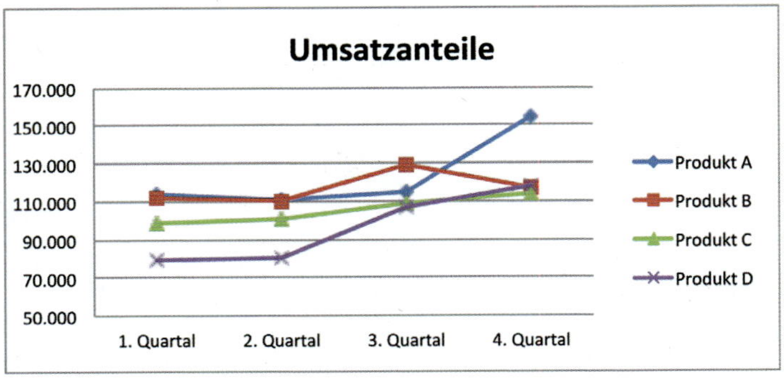

Kapitel 5

- Mit Liniendiagrammen lassen sich gut Entwicklungen über einen bestimmten Zeitraum veranschaulichen.
- Die Datenreihen werden als durchgängige Linien angezeigt, auf denen sich die einzelnen Datenpunkte befinden. Abhängig vom gewählten Diagrammtyp werden die Datenpunkte im Diagramm angezeigt oder nicht. Falls sie angezeigt werden, können die Datenpunkte für jede Datenreihe mit einem anderen Symbol dargestellt werden, so dass sich die Linien auch bei Schwarzweißdruck gut unterscheiden lassen (siehe oben).
- Mit dem Liniendiagramm lassen sich (im Gegensatz zu Säulen- und Balkendiagrammen) sehr viele Einzelwerte darstellen und so in einer grafischen Darstellung verdichten.

Kreis-diagramme

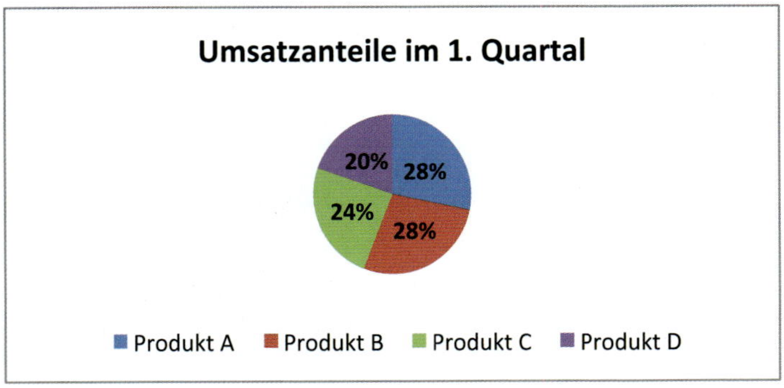

- Mit Kreisdiagrammen lässt sich die Verteilung der Werte innerhalb einer bestimmten Kategorie verdeutlichen (hier: Umsatzanteile der einzelnen Produkte im 1. Quartal). Die auch als „Tortendiagramm" bezeichneten Kreisdiagramme verdeutlichen auf den ersten Blick, wie die einzelnen Anteile verteilt sind.
- Beachten Sie, dass Sie innerhalb eines Kreisdiagramms lediglich eine Datenreihe (eine Zeile bzw. eine Spalte innerhalb der Tabelle) abbilden können.

Säulendiagramme

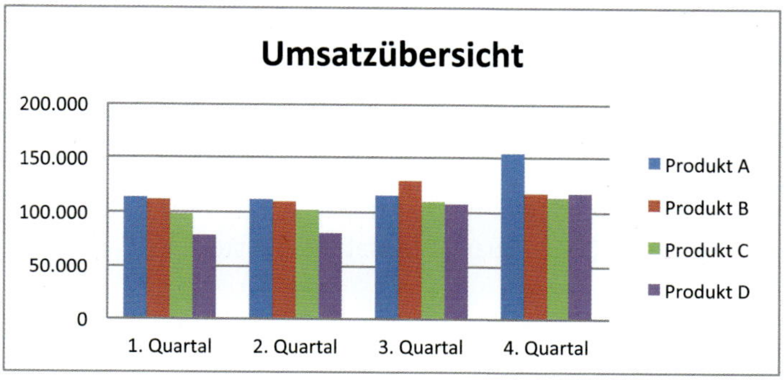

- Säulendiagramme eignen sich besonders, um einzelne Werte (hier: die Umsätze der Produkte A – D) miteinander zu vergleichen.
- Auch Schwankungen oder Trendverläufe lassen sich gut in Säulendiagrammen darstellen.
- Säulendiagramme stellen die Datenreihen parallel zur Y-Achse (Wertachse) dar.

Balkendiagramme

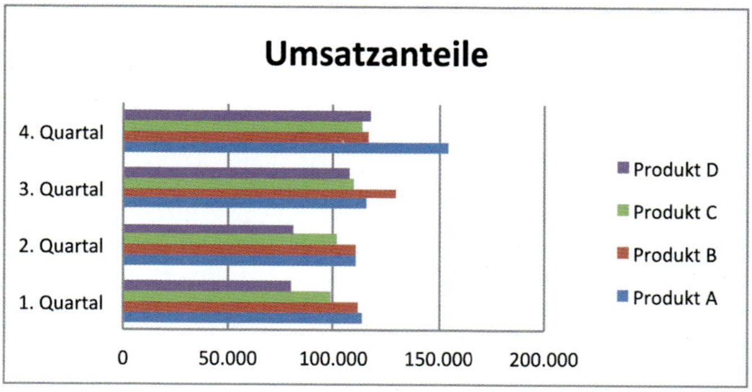

- Balkendiagramme erfüllen im Prinzip die gleiche Funktion wie Säulendiagramme. Die X-Achse repräsentiert hier allerdings die Wertachse und die Y-Achse die Kategorienachse. Die Datenreihen werden folglich parallel zur X-Achse, also in der Waagerechten angezeigt.
- Auch mit Balkendiagrammen können Werte anhand der unterschiedlichen Länge der Balken schnell miteinander verglichen werden.

Gestapelte Balken-/ Säulendiagramme

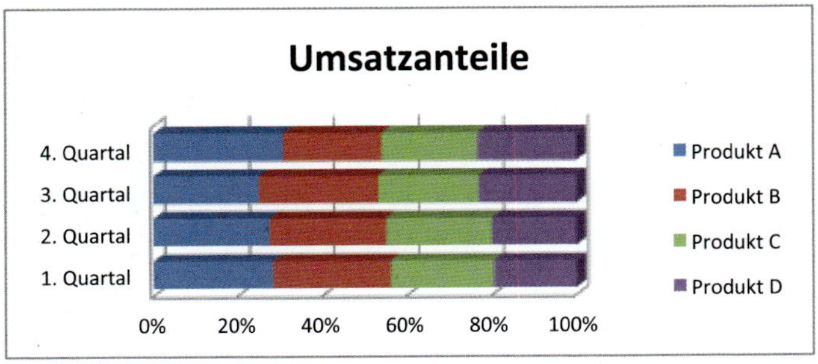

- Die Werte der einzelnen Datenreihe werden hier gestapelt dargestellt, wobei alle Balken/Säulen – unabhängig von den jeweiligen „realen" Summen der Einzelwerte – gleich lang/hoch sind (100 Prozent). Im obigen Beispiel handelt es sich um ein gestapeltes 100 % Balkendiagramm.
- Gestapelte Säulen- oder Balkendiagramme ermöglichen es, den Anteil der Einzelwerte am Gesamtergebnis einer Kategorie (hier: Quartalsumsatz) darzustellen.

Vereinfacht gesagt gibt es drei grundsätzliche Diagrammarten, die zu ganz bestimmten Zwecken eingesetzt werden:

- Kreisdiagramme (zur Darstellung von Anteilen)
- Säulen- bzw. Balkendiagramme (zur Darstellung von absoluten Zahlen)
- Liniendiagramme (zur Darstellung von Entwicklungen)

Kapitel 5

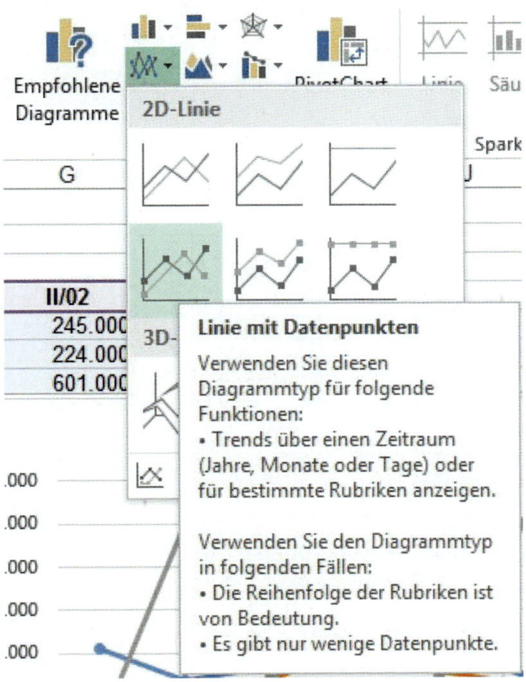

Bei unserem Ausgangsbeispiel macht es Sinn, die Entwicklung der Umsatzzahlen der einzelnen Produkte im zeit-lichen Ablauf miteinander zu vergleichen. Die Summen sollen nicht dargestellt werden und wurden deshalb auch nicht markiert.

Für die gewünschte Darstellung ist das Liniendiagramm gut geeignet. Bei Schwarzweißdruck lassen sich die Farben der einzelnen Linien nicht so gut unterscheiden. Außerdem ist die Zahl der Datenpunkte überschaubar. Es bietet sich daher die **Linie mit Datenpunkten** an.

Nachdem Sie Ihre Auswahl getroffen haben, klicken Sie auf die ausgewählte Diagrammart.

5.3 Diagrammgestaltung

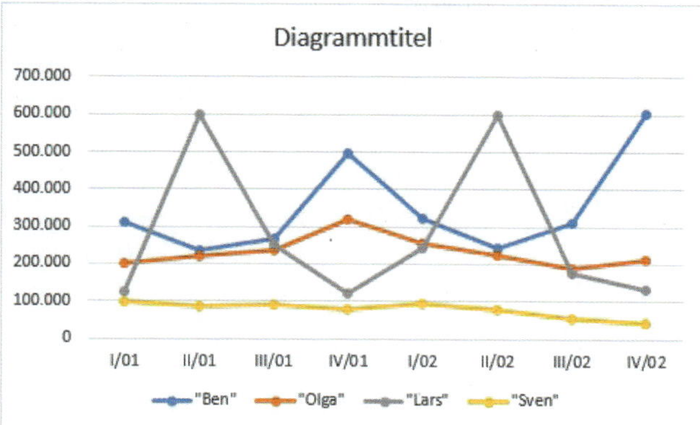

3. Schritt:

Excel bietet Ihnen nun ein fertiges Diagramm an. Dies kann nun bei Bedarf in den folgenden Schritten nach Ihren Vorstellungen geändert werden.

4. Schritt:

Über eine entsprechende Auswahl in der Symbolleiste können Sie nun das Diagrammlayout nach Ihren Wünschen gestalten, indem Sie eines der angebotenen Layouts auswählen **(1)**. Bei Bedarf stehen für die weitere Gestaltung des Diagramms zu jedem Diagrammtyp mehrere Diagrammformatvorlagen zur Verfügung **(2)**.

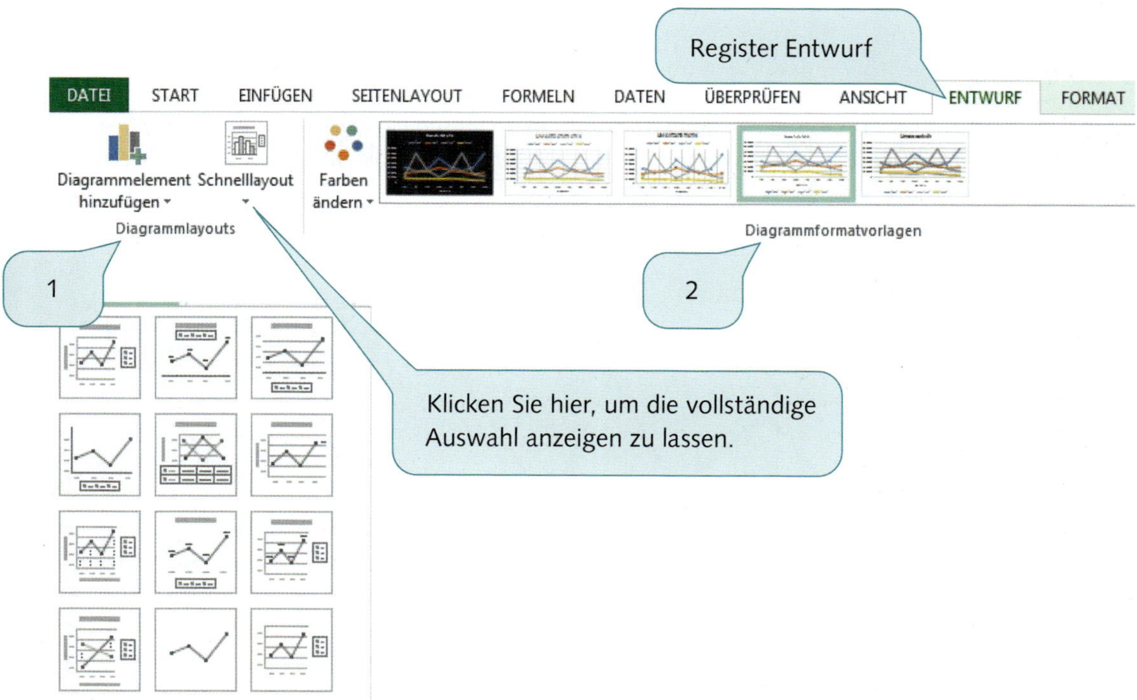

Arbeitsauftrag

Wählen Sie unter Schnelllayout das Layout 3 (die Nummern werden in der Vorschau angezeigt), um das unten stehende Diagramm zu erhalten.

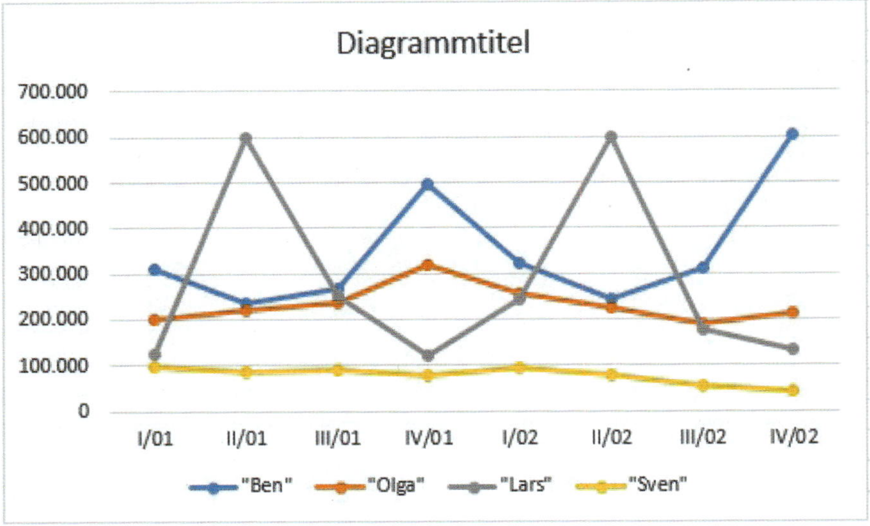

5. Schritt:

Beim Anklicken des Diagramms erscheint am rechten oberen Rand ein + Zeichen über das die Schaltfläche ***Diagrammelemente*** aktiviert werden kann. Hier können nun die verschiedenen Gestaltungselemente des Diagramms nachträglich angepasst werden.

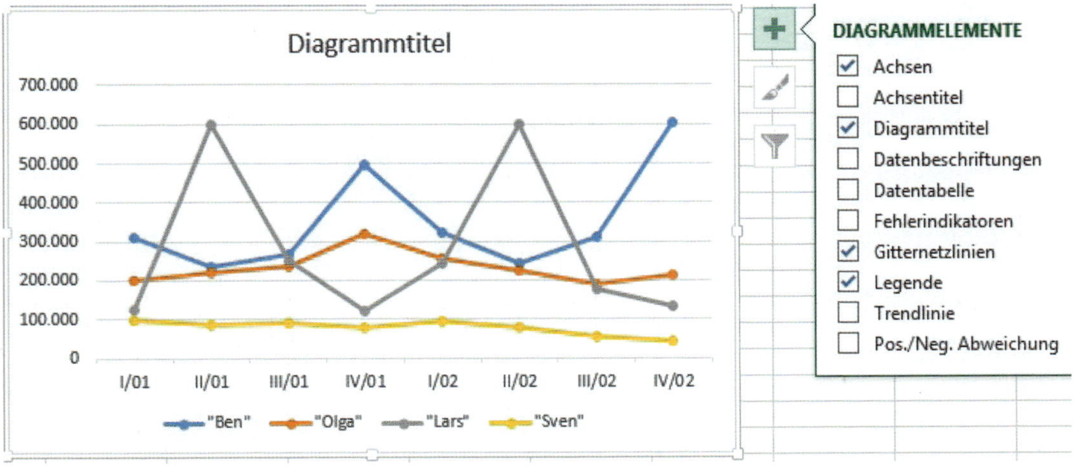

Arbeitsauftrag

Versehen Sie das Diagramm mit dem Titel „Umsatzstatistik“ und die horizontale Primärachse mit der Bezeichnung „Quartale“.

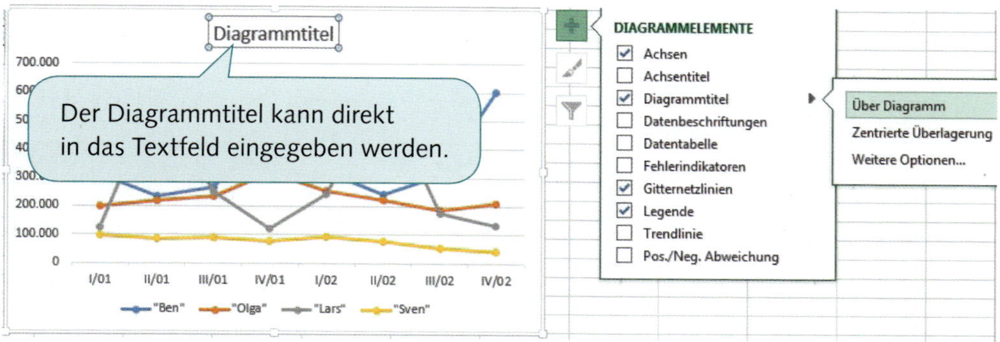

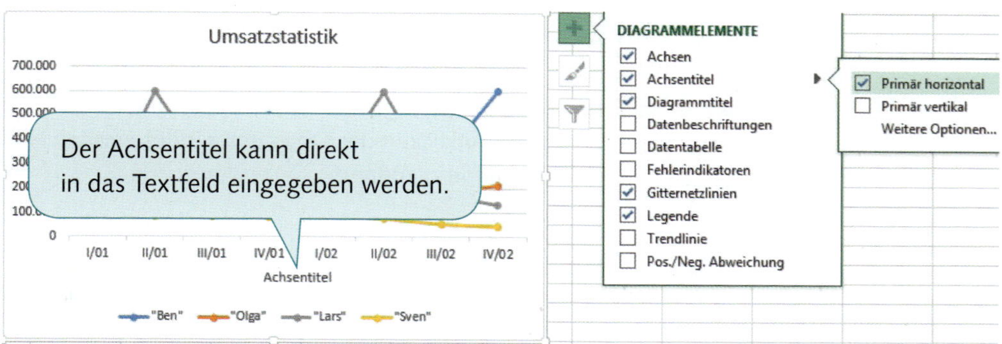

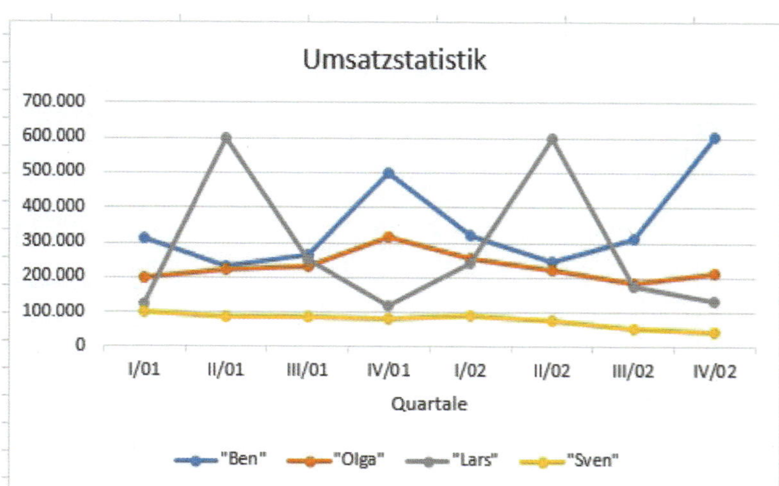

5.4 Platzieren des Diagramms

6. Schritt:

Im letzten Schritt platzieren Sie das Diagramm. Klicken Sie dazu zunächst auf ***Diagramm verschieben*** **(1)**, wodurch das entsprechende Fenster **(2)** aktiviert wird. Hier können Sie nun festlegen, ob das Diagramm als neues Tabellenblatt, also als eigenes Register **(3)**, oder als Objekt auf dem bearbeiteten Blatt **(4)** platziert werden soll.

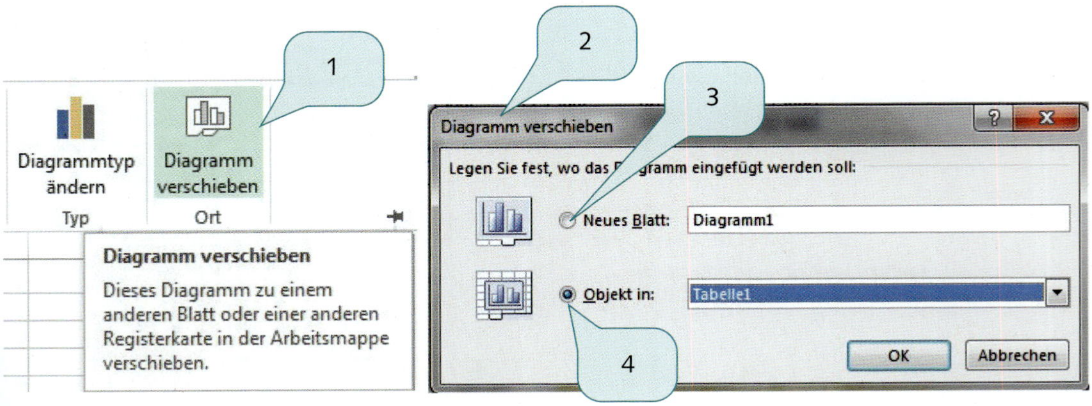

Kapitel 5

Diagramme, die Sie als Objekt in ein Tabellenblatt eingefügt haben, werden von Excel wie Grafikobjekte (z. B. Fotos oder Cliparts) behandelt. Beim Anklicken des Diagrammrandes erscheinen Pfeilsymbole, mit denen Sie die Größe des Objekts verändern können.

Sie können das Diagramm nun per Maus an den Ecken über Drag & Drop beliebig vergrößern, verkleinern und auch als Ganzes an den gewünschten Ort verschieben.

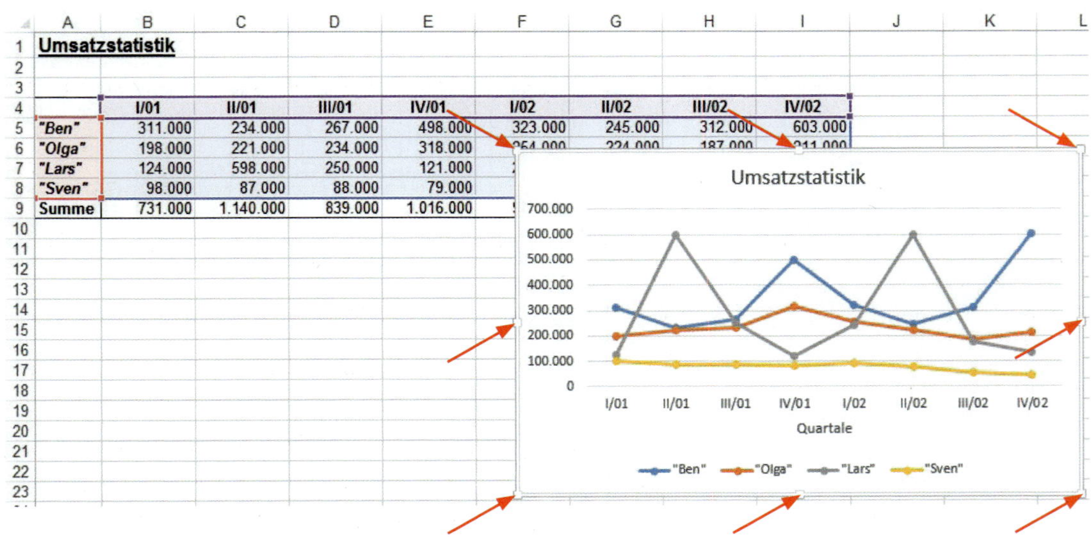

Arbeitsauftrag

Platzieren Sie das Diagramm durch entsprechendes Verschieben und Vergrößern so, dass es bündig unter der Datentabelle erscheint (siehe unten).

Umsatzstatistik

	I/01	II/01	III/01	IV/01	I/02	II/02	III/02	IV/02
"Ben"	311.000	234.000	267.000	498.000	323.000	245.000	312.000	603.000
"Olga"	198.000	221.000	234.000	318.000	254.000	224.000	187.000	211.000
"Lars"	124.000	598.000	250.000	121.000	243.000	601.000	176.000	132.000
"Sven"	98.000	87.000	88.000	79.000	93.000	78.000	54.000	43.000
Summe	731.000	1.140.000	839.000	1.016.000	913.000	1.148.000	729.000	989.000

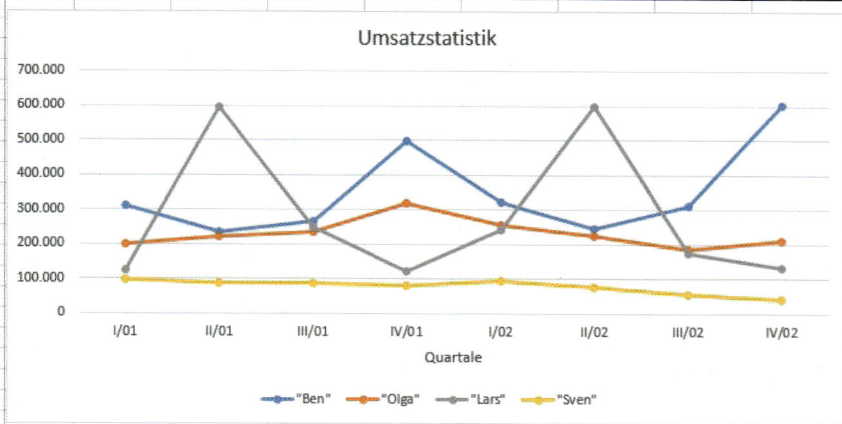

5.5 Nachbearbeitung des Diagramms

Diagrammbearbeitung mit der Diagramm-Symbolleiste

Bei durch Klick aktiviertem Diagramm kann über Klick auf das Register ***Diagrammtools/ Entwurf*** die Diagramm-Symbolleiste eingeblendet werden.

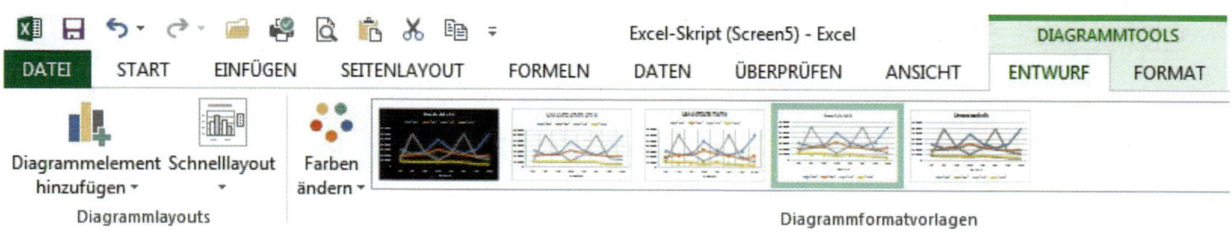

Genauso wie beim Erstellen des Diagramms können Sie nun grundlegende Nachbearbeitungen vornehmen. Alle Änderungen wirken sich unmittelbar auf das bestehende Diagramm aus. So können Sie einzelne der vorher bei der Diagrammerstellung getroffenen Entscheidungen leicht revidieren.

Diagrammbearbeitung über das Kontextmenü

Sie können die Einstellungen auch über das Kontextmenü ändern, indem Sie mit der rechten Maustaste auf das Diagramm klicken.

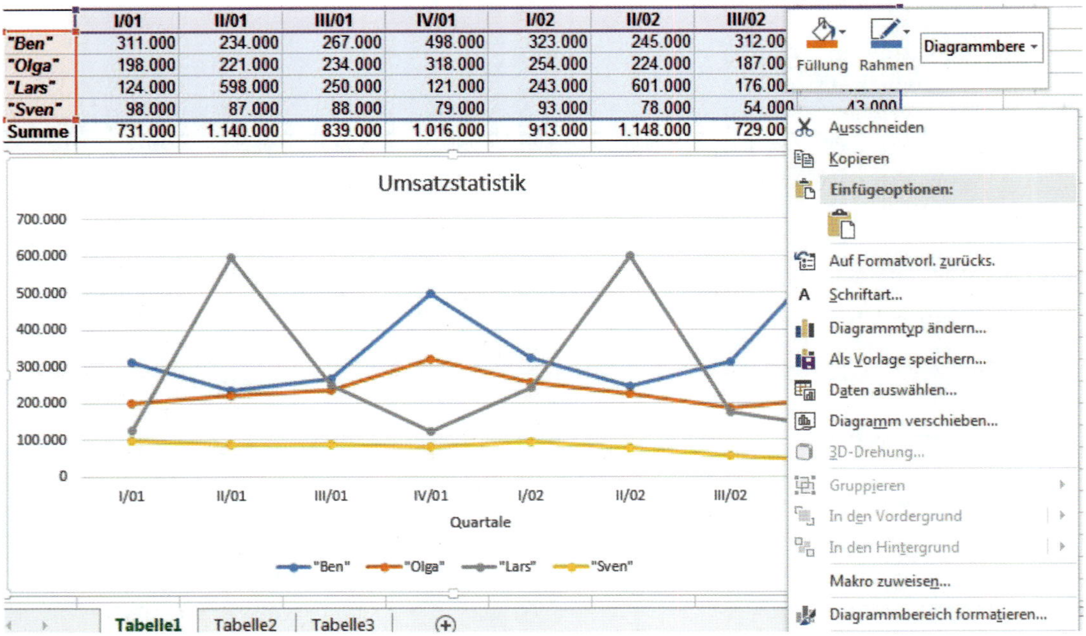

Achsenformatierung über das Kontextmenü

Mit einem Klick auf der rechten Maustaste auf die Achsenbeschriftung aktivieren Sie das Kontextmenü für die Diagrammachsen **(1)**.

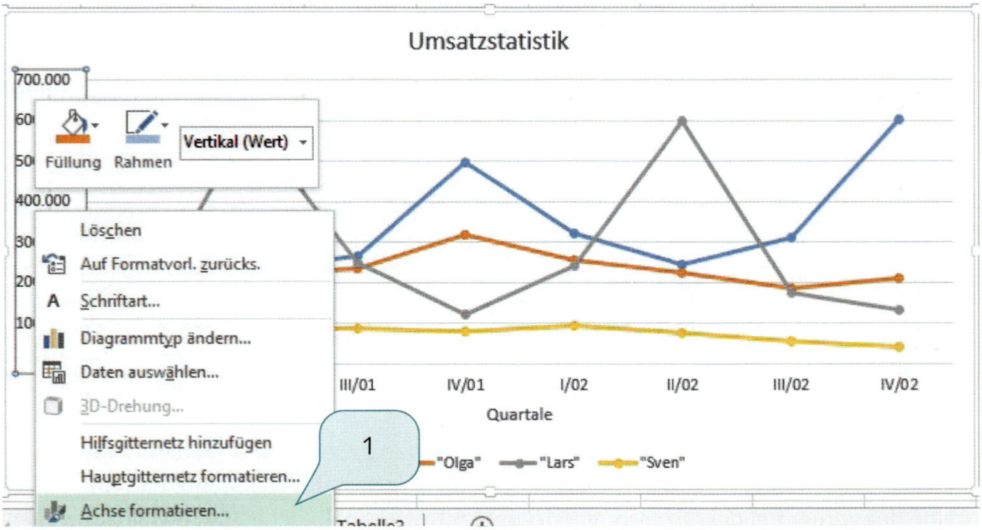

Durch die Auswahl ***Achse formatieren*** erhalten Sie am rechten Bildschirmrand das entsprechende Fenster.

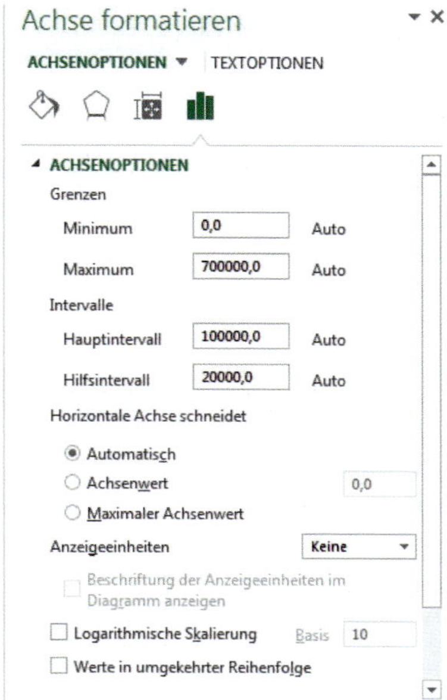

Die Achsenoptionen ermöglichen u. a. die Angabe eines festgelegten Minimum- und Maximum-Wertes sowie Haupt- und Hilfsintervalle für die Darstellung der Achse. Man spricht in diesem Zusammenhang von der Skalierung der Achse.

Arbeitsauftrag

Skalieren Sie die Y-Achse des Diagramms mit einem Minimum-Wert von 30.000, einem Maximum-Wert von 630.000 und einem Hauptintervall von 50.000.

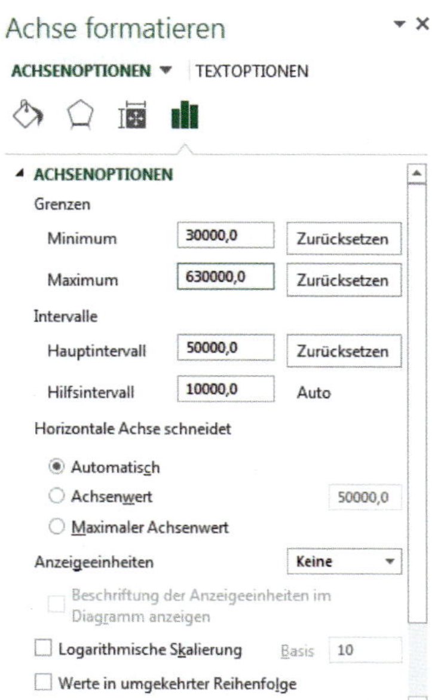

Arbeitsauftrag

Formatieren Sie die Achsenbeschriftung von X-Achse und Y-Achse sowie der Achsentitel der X-Achse jeweils in Arial 10 pt, die Diagrammüberschrift in Arial 14 p fett unterstrichen.

Um die Schriftgröße zu verändern, wählen Sie ***Schriftart*** im Kontextmenü der Y-Achse (rechte Maustaste). Im dadurch aktivierten Fenster können dann Änderungen bezüglich Schrift und Zeichenabstand vorgenommen werden. Anschließend wiederholen Sie dies für die X-Achse, die Achsenbeschriftung der X-Achse und die Diagrammüberschrift.

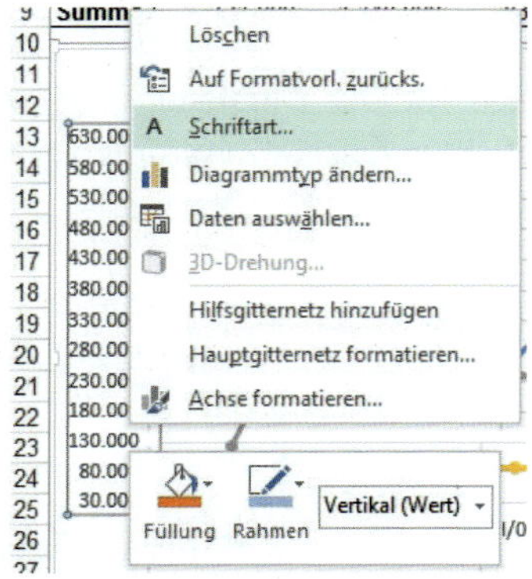

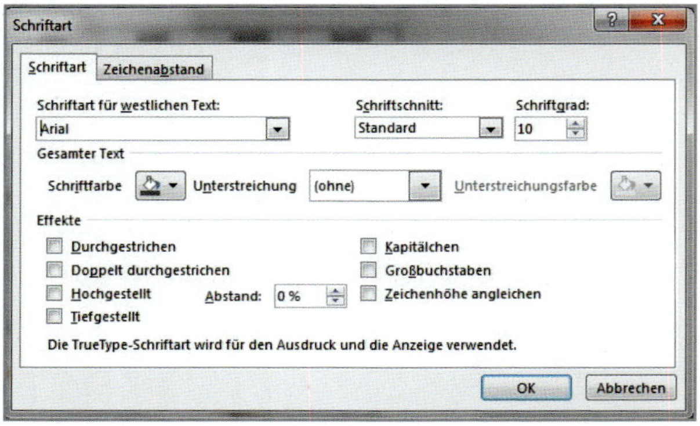

Die Formatierungen werden dann im Diagramm entsprechend umgesetzt.

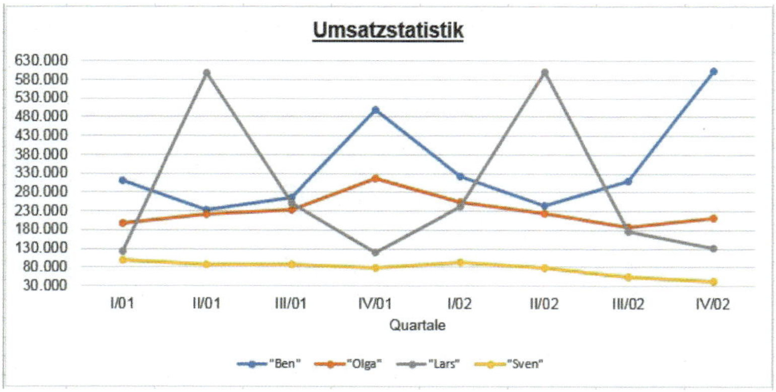

Merke

Lesen sich Sie sich die Anforderungen an das zu erstellende Diagramm in den Prüfungsaufgaben genau durch, damit Sie keine Details (z. B. Vorgaben bezüglich der Achsenskalierung u. ä.) übersehen. Alle Diagrammoptionen und auch die anderen Vorgaben lassen sich auch noch nachträglich über das Kontextmenü (mit rechter Maustaste auf das Diagramm klicken) bearbeiten.

Kapitel 5

5.6 Interpretation des Diagramms

Die Aufbereitung statistischer Daten mit Hilfe von Diagrammen dient vor allem den Zweck, die Anschaulichkeit zu erhöhen und so die richtige Interpretation des Zahlenmaterials zu erleichtern. So können Excel-Auswertungen als fundierte Grundlage für betriebswirtschaftliche Schlussfolgerungen dienen. Es geht also beim Einsatz von Excel nicht nur um die rein technische Nutzung dieses Instruments, sondern auch um das Erkennen von Zusammenhängen. Daher ist die Interpretation der ausgewerteten Daten auch ein fester Bestandteil der Prüfungsaufgaben für Kaufleute für Büromanagement.

Arbeitsauftrag

Interpretieren Sie die Umsatzzahlen für die vier Produkte. Verfassen Sie ein kurzes schriftliches Statement, in dem Sie der Geschäftsleitung mögliche Schlussfolgerungen für das Marketing des Möbelherstellers Ikeaki erläutern.

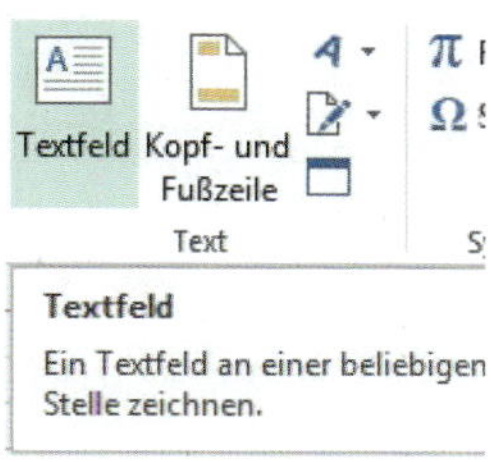

Am einfachsten platzieren Sie Ihren Kommentar, indem Sie unterhalb des Diagramms ein Textfeld öffnen und dort Ihre Antwort hinein schreiben. Das Textfeld fügen Sie über das Register ***Einfügen*** und das entsprechende Symbol.

Eine mögliche Lösung könnte wie folgt formuliert werden:

Das Bücherregal „Ben" zeigt Umsatzspitzen jeweils im 4. Quartal des Jahres. Dies könnte mit dem Weihnachtsgeschäft zusammenhängen. Der generelle Trend des Artikels ist positiv.

Der Küchenstuhl „Olga" erzielt einen relativ konstanten Umsatz, wobei das Quartal IV/01 einen leichten Ausreißer nach oben zeigt.

Beim Liegestuhl „Lars" sind die saisonalen Verkaufsschwankungen am stärksten. Der Umsatz dieses Produkts konzentriert sich vorwiegend auf das 2. Quartal, also das Frühlings- bzw. Sommergeschäft. In dieser Zeit ist der Artikel sehr erfolgreich.

Der Umsatz des Schuhschranks „Sven" liegt auf sehr niedrigem Niveau und nimmt kontinuierlich ab.

Das Bücherregal „Ben" und der Liegestuhl „Lars" sollten als Saisonartikel gezielt im Weihnachtsgeschäft bzw. Frühlingsgeschäft beworben werden. Der Schuhschrank „Sven" dagegen sollte aus dem Sortiment genommen werden (Produktelimination).

Merke

Achten Sie beim Verfassen eines Kommentars nicht nur auf die inhaltlich richtige Interpretation der vorliegenden Daten, sondern auch auf Ausdruck, Rechtschreibung und Grammatik, da dies auch in die Bewertung einfließt.

6. Drucken von Tabellen und Diagrammen

Rahmenlehrplan Lernfeld 3 („Aufträge bearbeiten"):
„Die Schülerinnen und Schüler […] vervielfältigen Schriftstücke (*Kopieren*, *Drucken*, *Scannen*) …"

Im Rahmen der Abschlussprüfung wird Ihr Ergebnis zwar auch als Datei abgespeichert, als Grundlage für die Korrektur dient aber zunächst immer Ihr Ausdruck. Daher gilt es, auch hier unnötige Fehler zu vermeiden (z. B. Ausdruck auf zwei statt auf einer Seite u. ä.).

Arbeitsauftrag

Richten Sie Ihre Seite so ein, dass Tabelle, Diagramm und Kommentar auf eine A4-Seite gedruckt werden können. Achten Sie auf die Übersichtlichkeit Ihres Ausdrucks.

6.1 Layoutgestaltung in der Seitenansicht

Merke

Bevor Sie etwas ausdrucken, sollten Sie immer zunächst das Seitenlayout aktivieren. Hier wird Ihnen vorab angezeigt, wie Ihr Ausdruck aussieht (Druckvorschau).

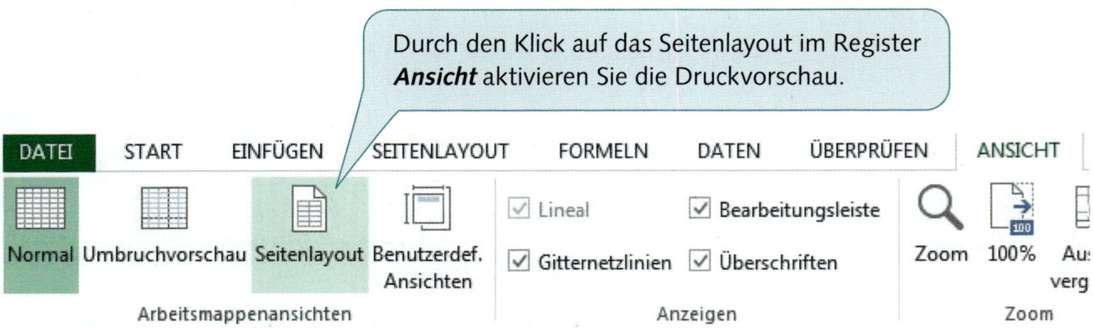

Im Register ***Seitenlayout*** können über den Mausklick auf die entsprechenden Symbole verschiedene Einstellungen vorgenommen werden.

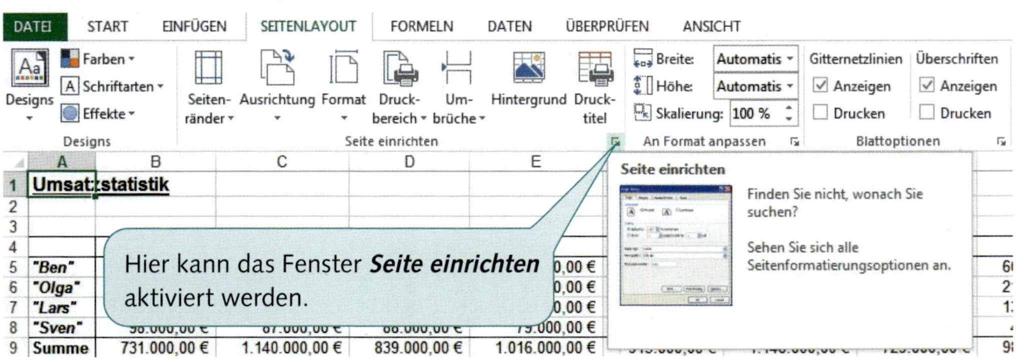

Merke

In vielen Fällen wird die Seitenansicht nicht sofort ein Druckbild anzeigen, das allen Ansprüchen genügt. Deshalb ist die Optimierung des Layouts durch Anklicken des Seitenlayout-Buttons der Regelfall.

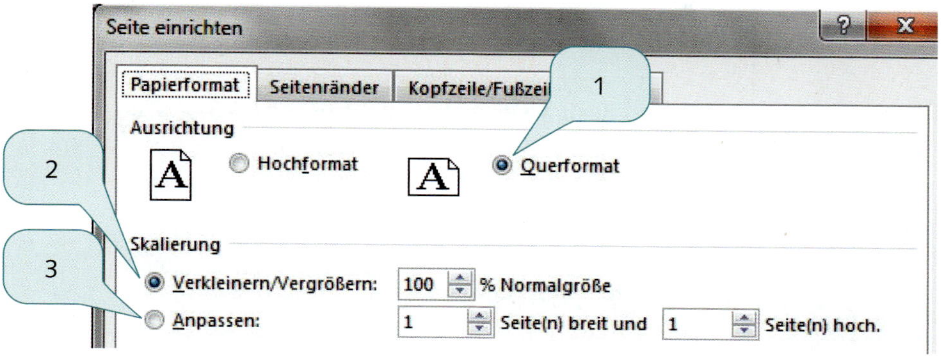

Im Register ***Papierformat*** lassen sich Orientierung und Skalierung des Ausdrucks einstellen. In unserem Beispiel macht es Sinn, Tabelle und Diagramm im Querformat darzustellen **(1)**. Darüberhinaus haben Sie die Möglichkeit Ihr Druckergebnis manuell zu vergrößern bzw. zu verkleinern **(2)** oder automatisch auf eine Seite anpassen zu lassen **(3)**. Bei der automatischen Anpassung **(3)** ist sichergestellt, dass Ihr Ergebnis auf eine Seite gedruckt wird.

Im Register ***Seitenränder*** gibt es u.a. auch die Möglichkeit, den Ausdruck horizontal **(4)** und/oder vertikal **(5)** zu zentrieren.

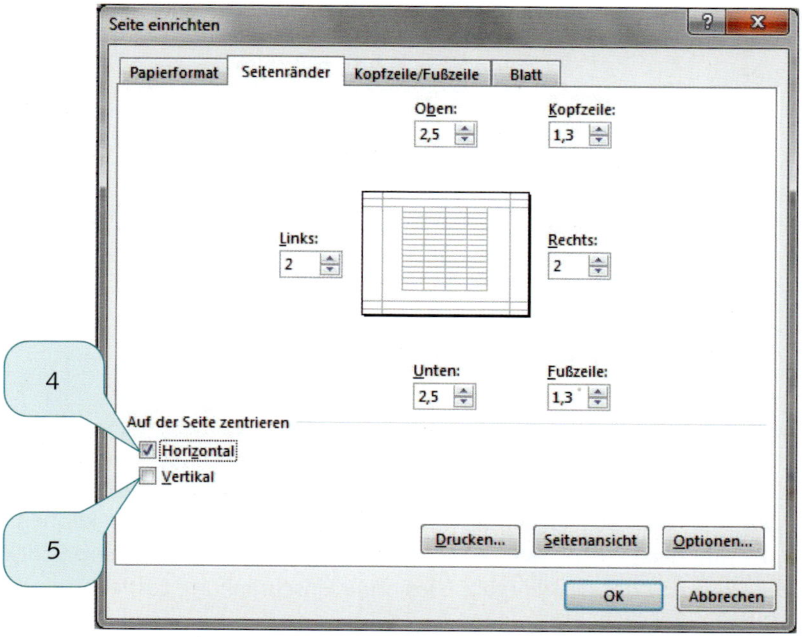

6.2 Druckbefehl

Wenn Sie über ***Datei/Drucken*** den Druckbefehl aufrufen und nur das Diagramm sehen, dann liegt das daran, dass das Diagramm in Ihrer Arbeitsmappe markiert ist. Dies kann ein durchaus gewünschter Effekt sein, wenn man wirklich nur das Diagramm ohne die Tabelle ausdrucken möchte. Bei den Excel-Aufgaben der Prüfung im Fach „Informationstechnisches Büromanagement" wird dies jedoch in den seltensten Fällen notwendig sein.

Merke

Achten Sie darauf, dass das Diagramm nicht markiert ist, wenn Tabelle und Kommentar auf dem Ausdruck erscheinen sollen.

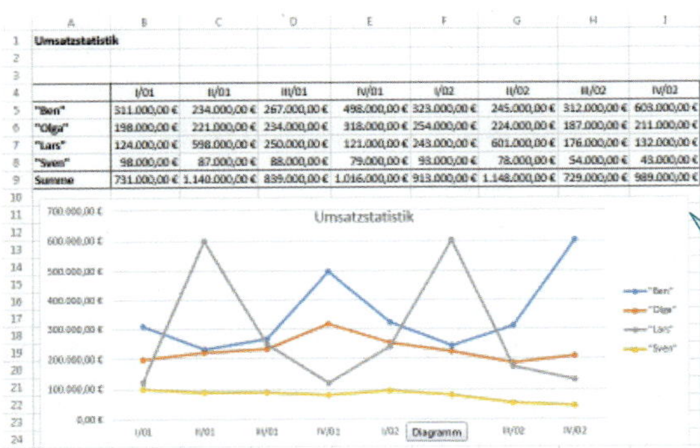

Umsatzstatistik

	I/01	II/01	III/01	IV/01	I/02	II/02	III/02	IV/02
"Ben"	311.000,00 €	234.000,00 €	267.000,00 €	498.000,00 €	323.000,00 €	245.000,00 €	312.000,00 €	603.000,00 €
"Olga"	198.000,00 €	221.000,00 €	234.000,00 €	318.000,00 €	254.000,00 €	224.000,00 €	187.000,00 €	211.000,00 €
"Lars"	124.000,00 €	598.000,00 €	250.000,00 €	121.000,00 €	243.000,00 €	601.000,00 €	176.000,00 €	132.000,00 €
"Sven"	98.000,00 €	87.000,00 €	88.000,00 €	79.000,00 €	93.000,00 €	78.000,00 €	54.000,00 €	43.000,00 €
Summe	731.000,00 €	1.140.000,00 €	839.000,00 €	1.016.000,00 €	913.000,00 €	1.148.000,00 €	729.000,00 €	989.000,00 €

Wenn das Diagramm umrandet, also aktiviert ist, wird beim Druckbefehl nur das Diagramm ausgedruckt.

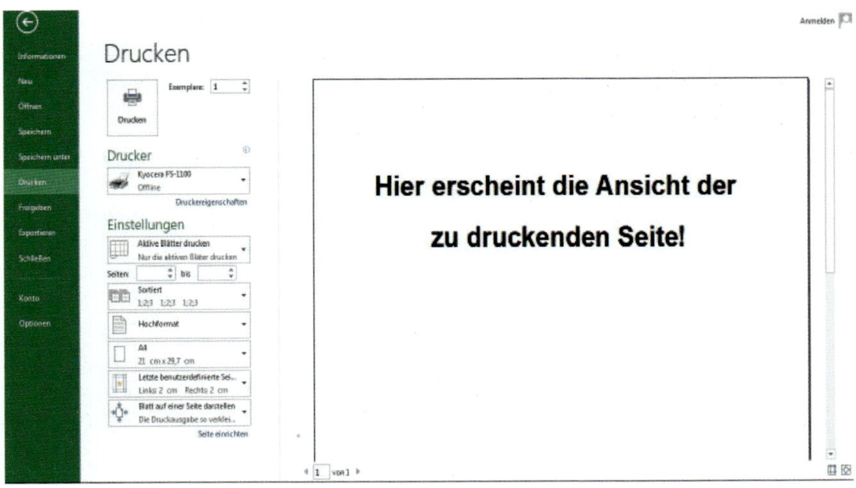

Über das Register Datei kann der Menüpunkt Drucken ausgewählt werden. Die Auswahl Drucken öffnet das Fenster Drucken, wo noch einige Einstellungen vorgenommen werden können (z. B. Drucker, Druckbereich, Anzahl der Exemplare u. a.). Die Seitenansicht ermöglicht eine Druckvorschau. Erst wenn Sie mit der Vorschau des Druckergebnisses ohne Einschränkung zufrieden sind und nochmals auf Drucken klicken, wird gedruckt.

Kapitel 6

7. Nützliche Techniken

Rahmenlehrplan Lernfeld 3 und 4

7.1 Befehl wiederholen bzw. rückgängig machen

Eine sehr hilfreiche Technik ist das Wiederholen bzw. das Rückgängigmachen des zuletzt aktivierten Befehls.

Über den Befehl ***Rückgängig*** bzw. den Shortcut ***Strg + Z*** machen Sie den letzten Befehl bzw. bei mehrfacher Anwendung die letzten Befehle rückgängig. Dadurch lassen sich fehlerhafte Arbeitsschritte schnell und sicher korrigieren.

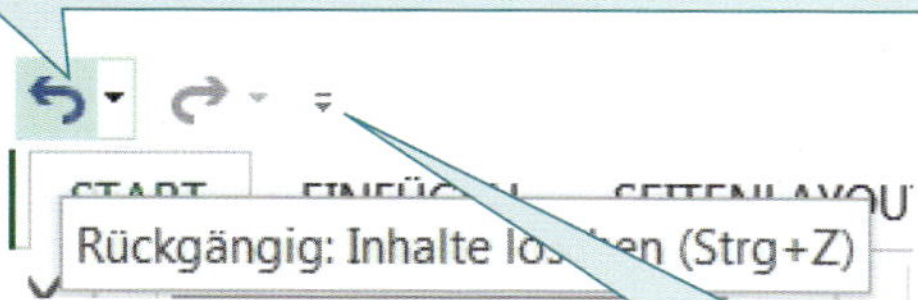

Durch den Befehl ***Wiederholen*** oder den Shortcut ***Strg + Y*** kann der zuletzt aktivierte Befehl beliebig oft an jeder gewünschten Cursorposition wiederholt werden.

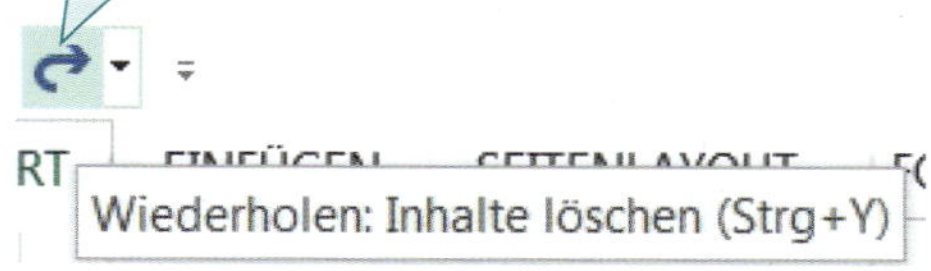

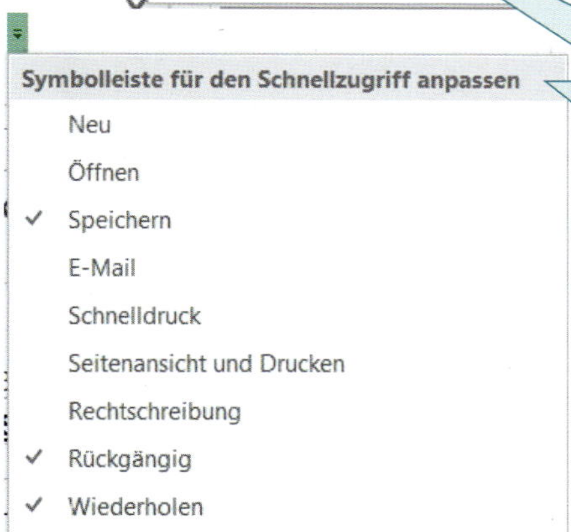

Wenn die gewünschten Symbole nicht in der Symbolleiste für den Schnellzugriff erscheinen, kann diese durch Klicken auf den Pfeil und die entsprechende Auswahl angepasst werden.

Merke

Wenn Sie während Ihrer Prüfung den Überblick verlieren, machen Sie die letzten Befehle Schritt für Schritt rückgängig, bis Sie sich wieder orientieren können.

Kapitel 7

7.2 Tabellen zoomen

Als Zoom-Funktion bezeichnet man das Vergrößern bzw. Verkleinern der Ansicht. Gerade bei großen Tabellen kann eine zu große Ansicht die Übersichtlichkeit reduzieren, da immer nur ein Teil der Tabelle am Bildschirm zu sehen ist.

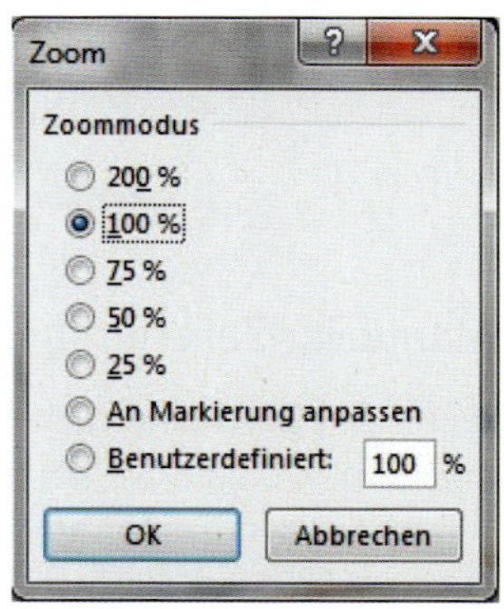

Über ***Ansicht/Zoom*** oder den ***Zoomregler*** am rechten unteren Bildschirmrand passen Sie die Größe der Ansicht an Ihre eigenen Bedürfnisse an.

7.3 Automatischer und manueller Zeilenumbruch

Wenn Zelleinträge sehr lang sind, können gerade größere Tabellen sehr unübersichtlich werden. Dies gilt insbesondere dann, wenn durch die entsprechend breiten Spalten große Freiräume in der Tabelle entstehen.

Automatischer Zeilenumbruch

Sie können mehrere Zeilen in eine Zelle eingeben, indem Sie den automatischen Zeilenumbruch aktivieren. Markieren Sie dazu die Zellen mit den umfangreichen Einträgen und rufen Sie im Dialogfenster ***Zellen formatieren*** das Register ***Ausrichtung*** auf.

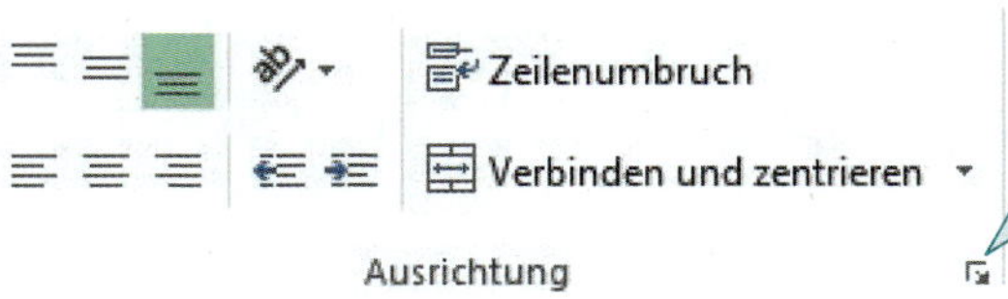

Zunächst hier klicken, um ***Zellen formatieren*** zu aktivieren.

Wenn Sie hier einen Haken setzen, werden die markierten Zellen mit einem automatischen Zeilenumbruch versehen.

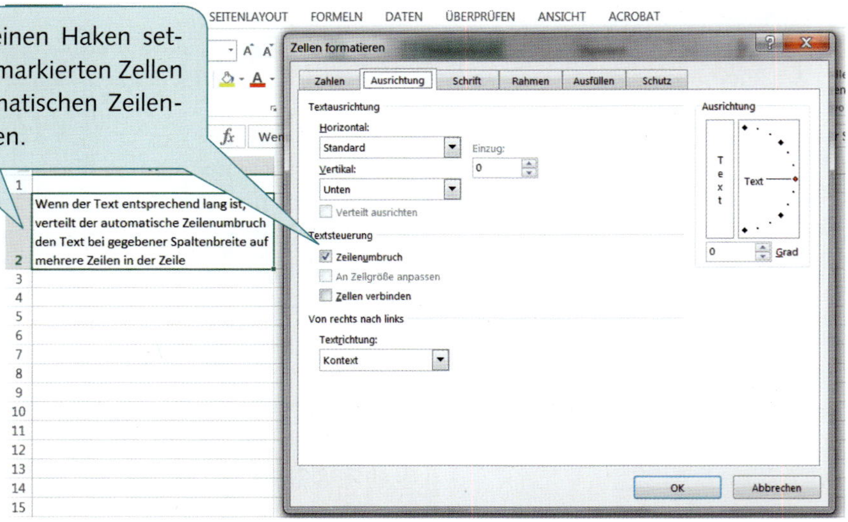

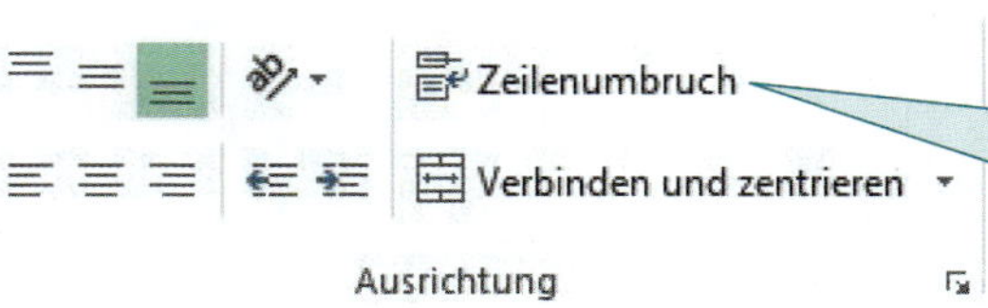

Der automatische Zeilenumbruch kann auch direkt durch das Anklicken des entsprechenden Symbols aktiviert werden.

Manueller Zeilenumbruch

Wenn Sie Zeilenumbrüche an bestimmten Stellen nicht automatisch, sondern individuell setzen möchten, arbeiten Sie am besten mit manuellen Zeilenumbrüchen.
Setzen Sie den Cursor an die Textstelle, hinter der Sie einen Zeilenumbruch einfügen möchten und drücken Sie dann die **Tastenkombination [Return] + [Alt]**.

Kapitel 7

7.4 Automatisches Ausfüllen (AutoAusfüllen)

Das AutoAusfüllen kann die Schreibarbeit erheblich erleichtern, wenn es sich um für Excel logisch ableitbare Zahlenreihen (z. B. 1, 2, 3 ...; 1, 3, 5 ...; 10, 20, 30 ...) oder Datumsreihen (z. B. Montag, Dienstag ...; Januar, Februar ...) handelt. Es können dann lediglich zwei Einträge vorgenommen, markiert und die Reihe durch Ziehen der unteren rechten Ecke automatisch bis zur gewünschten Stelle erweitert werden.

Gehen Sie mit dem Mauszeiger auf das rechte untere Eck bis das + Zeichen erscheint. Halten Sie dann die linke Maustaste gedrückt und ziehen Sie die Maus nach rechts.

4	Januar	Februar						

4	Januar	Februar	März	April	Mai	Juni	Juli	August

7.5 Absolute und relative Zieladressierung

Arbeitsauftrag

Erstellen Sie folgende Tabelle oder laden Sie die Datei *Beispiel 1* (abs. Zelladress.). Die Fahrtkosten sollen mit einer Formel berechnet werden.

	A	B	C
1	**Reisekostenabrechnung**		
2			
3			
4	**Euro-Betrag pro km:**		**0,30 €**
5			
6		Gefahrene km	Fahrtkosten
7	**Arber**	297	
8	**Bräunig**	241	
9	**Christensen**	389	
10	**Döring**	232	
11			

Wenn Sie nun in die Zelle C7 die Formel =B7*C4 eingeben und diese Formel in die Zellen C8 bis C10 kopieren, werden Sie feststellen, dass Excel die Formel jeweils automatisch verändert hat. D.h. ***bei relativer Adressierung werden die der Formeln zugrunde liegenden Spalten- bzw. Zeilennummern den Zielspalten bzw. –zellen (= Adresse) angepasst***.

Dies ist manchmal sehr von Vorteil, in unserem Beispiel jedoch problematisch, da wir ja jedes Mal mit dem Wert aus C4 (0,3) rechnen wollen. Es ergeben sich folgende Ergebnisse:

	A	B	C	
1	**Reisekostenabrechnung**			
2				
3				
4	**Euro-Betrag pro km:**		**0,30 €**	
5				
6		Gefahrene km	Fahrtkosten	
7	**Arber**	297	89,10	**=b7*c4**
8	**Bräunig**	241	0,00	**=b8*c5** (d.h. 241 * leere Zelle = 0)
9	**Christensen**	389	#WERT!	**=b9*c6** (mit der Zelle c6 kann nicht gerechnet werden)
10	**Döring**	232	20671,20	**=b10*c7** (d.h. 232 * 89,10 = 20671,20)

Soll beim Kopieren immer auf die gleiche Zelle zurückgegriffen werden, so muss diese absolut adressiert werden, indem sie in $-Zeichen eingebettet wird. Dies kann durch manuelle Eingabe erfolgen oder durch Markieren der Zellbezeichnung und anschließendem Drücken der **Taste F4**. Die absolute Zelladressierung verhindert die automatische Anpassung der Zellbezüge.

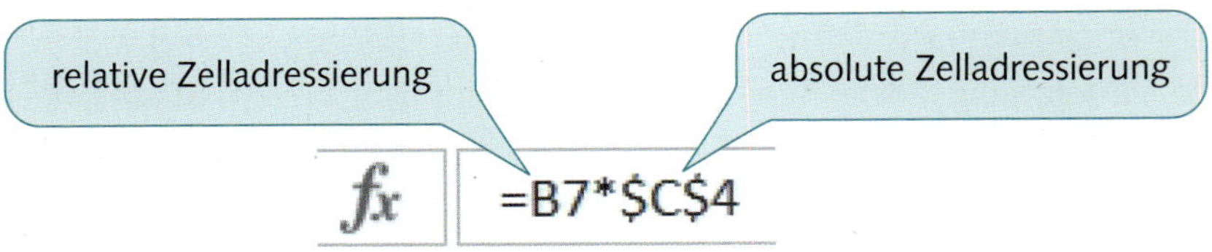

	A	B	C	
1	**Reisekostenabrechnung**			
2				
3				
4	**Euro-Betrag pro km:**		**0,30 €**	
5				
6		Gefahrene km	Fahrtkosten	
7	**Arber**	297	89,10	**=b7*c4**
8	**Bräunig**	241	72,30	**=b8*c4**
9	**Christensen**	389	116,70	**=b9*c4**
10	**Döring**	232	69,60	**=b10*c**

Merke

Zellbezüge verändern sich beim Kopieren in eine andere Zelle, wenn sie nicht absolut adressiert sind. Überprüfen Sie deshalb stets, ob die zu kopierende Formel bzw. Funktion kopierfähig ist!

7.6 Verschieben und Kopieren mittels Drag & Drop

Zellen verschieben mit der Maus (Drag & Drop)

- Markieren Sie den gewünschten Zellbereich.
- Zeigen Sie mit dem Mauszeiger auf die markierte Zell- bzw. Bereichsumrandung
- Klicken Sie auf die Umrandung und ziehen Sie den Bereich bei gedrückter linker Maustaste in die neue Position, wo Sie die gedrückte Maustaste wieder loslassen (Drag & Drop).

Zellen kopieren mit der Maus (Drag & Drop)

- Um einen Zellbereich zu kopieren, gehen Sie analog zum Verschieben vor, halten aber beim Ziehen die <Strg>-Taste gedrückt.
- Beim Betätigen der <Strg>-Taste wird neben dem Mauszeiger ein Pluszeichen als Hinweis auf das Kopieren eingeblendet.
- Beachten Sie, dass – falls im Zielbereich Daten vorliegen –, diese ohne Sicherheitsabfrage gelöscht werden.

Anordnung einer Tabelle schnell verändern

Immer wieder kommt es vor, dass Sie Teile einer Tabelle neu anordnen, d. h. ganze Zeilen oder Spalten verschieben wollen. Beim oben beschriebenen „normalen" Verschieben per Drag & Drop entsteht dabei das Problem, dass an der Ausgangsstelle eine Lücke entsteht. Außerdem werden bereits existierende Daten im Zielbereich überschrieben. Durch das gleichzeitige Drücken der ⇧-Taste können Sie das verhindern.

Gehen Sie dabei folgendermaßen vor:

- Markieren Sie die Zeile bzw. Spalte der Tabelle, die Sie verschieben wollen.
- Zeigen Sie mit dem Mauszeiger auf die markierte Bereichsumrandung.
- Klicken Sie auf die Umrandung und ziehen Sie den Bereich bei gedrückter linker Maustaste und gleichzeitig gedrückter ⇧-Taste an die gewünschte neue Einfüge-Position und lassen Sie die Maustaste wieder los.

7.7 Sortieren von Daten

Gerade bei sehr umfangreichen Tabellen ist es häufig notwendig, sie nachträglich nach einer bestimmten Systematik (alphabetische oder nummerische Reihenfolge) zu sortieren.

Arbeitsauftrag

Erstellen Sie die unten stehende Tabelle oder laden Sie die Datei Beispiel 2 (*Sortieren von Daten*). Sortieren Sie die Tabelle alphabetisch.

	A	B	C	D
1	**Provisionsberechnung**			
2				
3	**Name**	**Umsatz**	**Vertriebsgebiet**	**Provision**
4	**Altmann**	398.435,32 €	Deutschland Süd	39.843,53 €
5	**Zeyer**	341.234,75 €	Deutschland Nord	34.123,48 €
6	**Seufert**	298.745,87 €	Deutschland Ost	29.874,59 €
7	**Buck**	151.439,05 €	Deutschland Süd	15.143,91 €
8	**Glos**	467.333,95 €	Deutschland Süd	46.733,40 €
9	**Bauer**	561.703,20 €	Deutschland West	56.170,32 €
10	**Wagner**	290.004,65 €	Deutschland West	29.000,47 €
11	**Nuhr**	473.620,78 €	Deutschland West	47.362,08 €
12	**Reich**	141.784,04 €	Deutschland Nord	14.178,40 €
13	**Stenzel**	98.799,43 €	Deutschland Ost	9.879,94 €
14	**Abraham**	311.760,87 €	Deutschland Nord	31.176,09 €
15	**Sussner**	298.735,56 €	Deutschland Süd	29.873,56 €
16	**Stüdlein**	349.555,78 €	Deutschland Süd	34.955,58 €
17	**Demmel**	198.750,50 €	Deutschland West	19.875,05 €
18	**Emser**	298.780,50 €	Deutschland Nord	29.878,05 €
19	**Richter**	290.045,67 €	Deutschland Ost	29.004,57 €

Kapitel 7

Schnelle alphabetische Sortierung mit den Symbolleisten

Markieren Sie zunächst die komplette Tabelle, die sortiert werden soll.

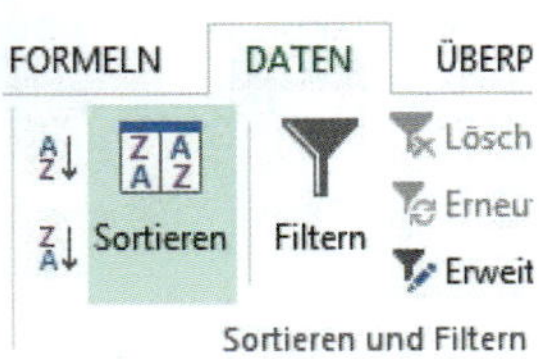

Durch das anschließende Anklicken der entsprechenden Symbole lässt sich die Tabelle sehr schnell alphabetisch (entweder absteigend oder aufsteigend) sortieren.

Sortieren nach individuell ausgewählten Sortierschlüsseln

Über den Menüpunkt ***Daten/Sortieren*** haben Sie die Möglichkeit, nach einem oder mehreren Sortierschlüsseln bzw. auch nach einer individuellen Reihenfolge zu sortieren.

Auch hier muss zunächst die vollständige Tabelle markiert werden.

Arbeitsauftrag

Sortieren Sie die Tabelle zunächst nach den Vertriebsgebieten und innerhalb der Vertriebsgebiete nach der Umsatzhöhe absteigend.

	A	B	C	D
1	**Provisionsberechnung**			
2				
3	**Name**	**Umsatz**	**Vertriebsgebiet**	**Provision**
4	**Altmann**	398.435,32 €	Deutschland Süd	39.843,53 €
5	**Zeyer**	341.234,75 €	Deutschland Nord	34.123,48 €
6	**Seufert**	298.745,87 €	Deutschland Ost	29.874,59 €
7	**Buck**	151.439,05 €	Deutschland Süd	15.143,91 €
8	**Glos**	467.333,95 €	Deutschland Süd	46.733,40 €
9	**Bauer**	561.703,20 €	Deutschland West	56.170,32 €
10	**Wagner**	290.004,65 €	Deutschland West	29.000,47 €
11	**Nuhr**	473.620,78 €	Deutschland West	47.362,08 €
12	**Reich**	141.784,04 €	Deutschland Nord	14.178,40 €
13	**Stenzel**	98.799,43 €	Deutschland Ost	9.879,94 €
14	**Abraham**	311.760,87 €	Deutschland Nord	31.176,09 €
15	**Sussner**	298.735,56 €	Deutschland Süd	29.873,56 €
16	**Stüdlein**	349.555,78 €	Deutschland Süd	34.955,58 €
17	**Demmel**	198.750,50 €	Deutschland West	19.875,05 €
18	**Emser**	298.780,50 €	Deutschland Nord	29.878,05 €
19	**Richter**	290.045,67 €	Deutschland Ost	29.004,57 €

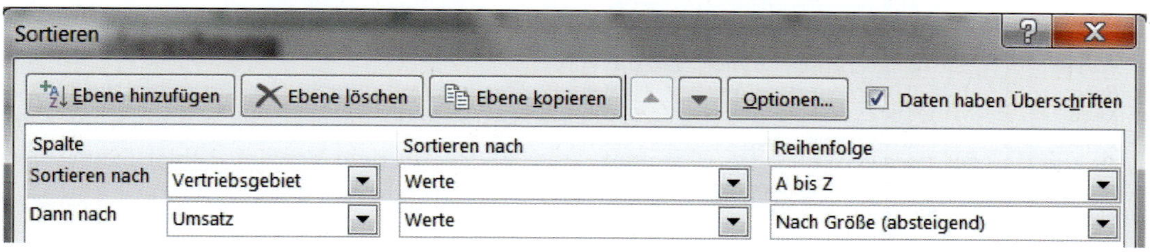

	A	B	C	D
1	**Provisionsberechnung**			
2				
3	**Name**	**Umsatz**	**Vertriebsgebiet**	**Provision**
4	**Zeyer**	341.234,75 €	Deutschland Nord	34.123,48 €
5	**Abraham**	311.760,87 €	Deutschland Nord	31.176,09 €
6	**Emser**	298.780,50 €	Deutschland Nord	29.878,05 €
7	**Reich**	141.784,04 €	Deutschland Nord	14.178,40 €
8	**Seufert**	298.745,87 €	Deutschland Ost	29.874,59 €
9	**Richter**	290.045,67 €	Deutschland Ost	29.004,57 €
10	**Stenzel**	98.799,43 €	Deutschland Ost	9.879,94 €
11	**Glos**	467.333,95 €	Deutschland Süd	46.733,40 €
12	**Altmann**	398.435,32 €	Deutschland Süd	39.843,53 €
13	**Stüdlein**	349.555,78 €	Deutschland Süd	34.955,58 €
14	**Sussner**	298.735,56 €	Deutschland Süd	29.873,56 €
15	**Buck**	151.439,05 €	Deutschland Süd	15.143,91 €
16	**Bauer**	561.703,20 €	Deutschland West	56.170,32 €
17	**Nuhr**	473.620,78 €	Deutschland West	47.362,08 €
18	**Wagner**	290.004,65 €	Deutschland West	29.000,47 €
19	**Demmel**	198.750,50 €	Deutschland West	19.875,05 €

Merke

Achten Sie darauf, dass Sie nicht einzelne Spalten der Tabelle markieren und anschließend sortieren! Es werden dann nur die markierten Spalten zeilenweise sortiert. Die nicht markierten Spalten bleiben unverändert bestehen. Das Ergebnis ist, dass die Datentabelle in sich „durchgemischt“ wird und folglich nicht mehr aussagekräftig ist.

Kapitel 7

7.8 Filtern von Daten (AutoFilter)

Beim Filtern werden nur diejenigen Daten eines zusammenhängenden Tabellenbereichs angezeigt, die bestimmte Bedingungen (Filterkriterien) erfüllen. Alle anderen Daten werden ausgeblendet.

Merke

Im Gegensatz zur Sortierfunktion wird beim Filtern die Reihenfolge der Daten innerhalb der Tabelle nicht verändert.

	A	B	C	D
1	**Provisionsberechnung**			
2				
3	**Name**	**Umsatz**	**Vertriebsgebiet**	**Provision**
4	**Altmann**	398.435,32 €	Deutschland Süd	39.843,53 €
5	**Zeyer**	341.234,75 €	Deutschland Nord	34.123,48 €
6	**Seufert**	298.745,87 €	Deutschland Ost	29.874,59 €
7	**Buck**	151.439,05 €	Deutschland Süd	15.143,91 €
8	**Glos**	467.333,95 €	Deutschland Süd	46.733,40 €
9	**Bauer**	561.703,20 €	Deutschland West	56.170,32 €
10	**Wagner**	290.004,65 €	Deutschland West	29.000,47 €
11	**Nuhr**	473.620,78 €	Deutschland West	47.362,08 €
12	**Reich**	141.784,04 €	Deutschland Nord	14.178,40 €
13	**Stenzel**	98.799,43 €	Deutschland Ost	9.879,94 €
14	**Abraham**	311.760,87 €	Deutschland Nord	31.176,09 €
15	**Sussner**	298.735,56 €	Deutschland Süd	29.873,56 €
16	**Stüdlein**	349.555,78 €	Deutschland Süd	34.955,58 €
17	**Demmel**	198.750,50 €	Deutschland West	19.875,05 €
18	**Emser**	298.780,50 €	Deutschland Nord	29.878,05 €
19	**Richter**	290.045,67 €	Deutschland Ost	29.004,57 €

	A	B	C	D
1	**Provisionsberechnung**			
2				
3	**Name**	**Umsatz**	**Vertriebsgebie**	**Provisio**
4	**Altmann**	398.435,32 €	Deutschland Süd	39.843,53 €
7	**Buck**	151.439,05 €	Deutschland Süd	15.143,91 €
8	**Glos**	467.333,95 €	Deutschland Süd	46.733,40 €
15	**Sussner**	298.735,56 €	Deutschland Süd	29.873,56 €
16	**Stüdlein**	349.555,78 €	Deutschland Süd	34.955,58 €

Sie können die Filterfunktion z.B. nutzen, um in unserem Beispiel sich nur noch die Mitarbeiter aus dem Vertriebsgebiet Deutschland Süd anzeigen zu lassen.

Zur Nutzung des AutoFilters gehen Sie folgendermaßen vor:

- Markieren Sie den zusammenhängenden Zellbereich, für den Sie den AutoFilter anwenden wollen. Als zusammenhängende Zellbereiche erkennt Excel nur Zellbereiche ohne Leerzeilen oder -spalten.
- Klicken Sie in dem Register Daten auf das AutoFilter-Symbol zur Aktivierung des AutoFilters **(1)**.
- Mit Hilfe des AutoFilters lassen sich die anzuzeigenden Daten durch Platzierung eines Hakens **(2)** bzw. Entfernen der anderen Haken ausfiltern (hier in Spalte C: Vertriebsgebiet Deutschland Süd).

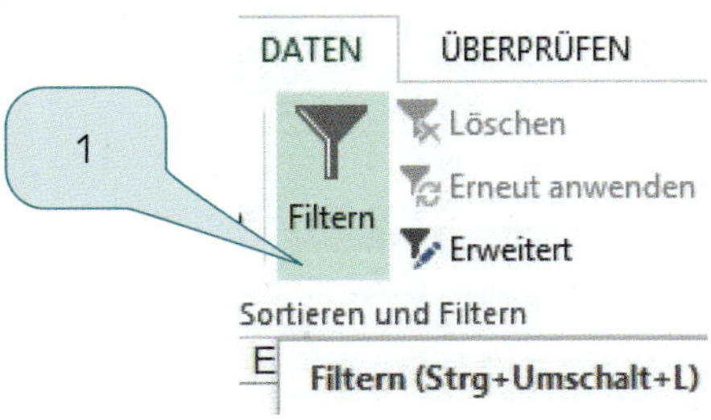

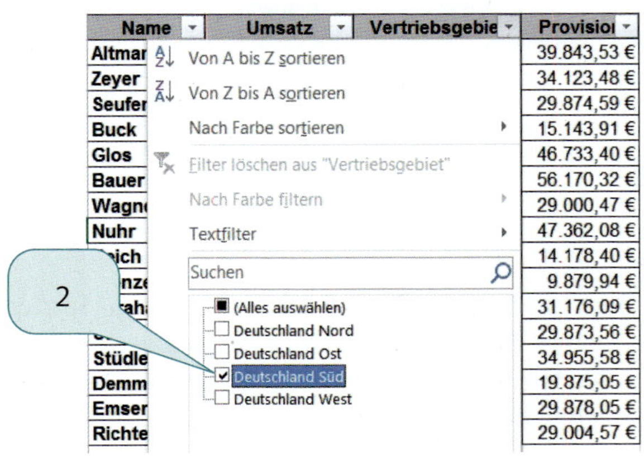

Kapitel 7

7.9 Rechtschreibprüfung

Excel verfügt ebenso wie Word über die Möglichkeit, die Texte einer Tabelle, eines markierten Bereiches oder eines Diagramms auf korrekte Schreibweise überprüfen zu lassen.

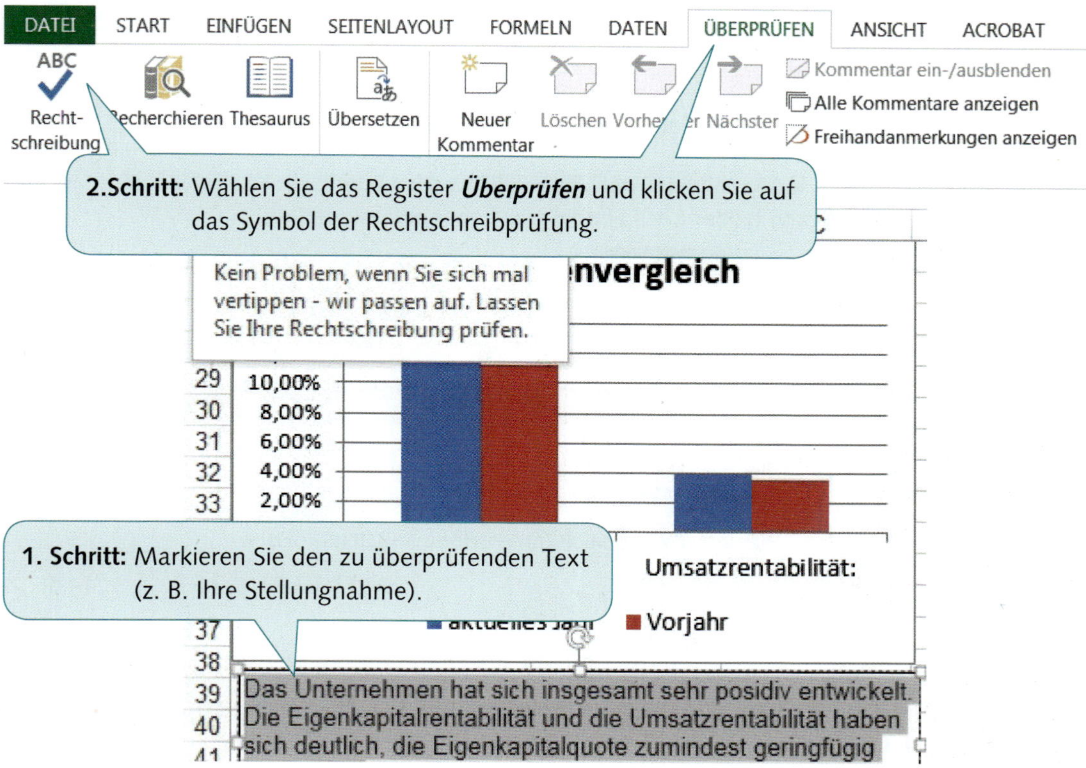

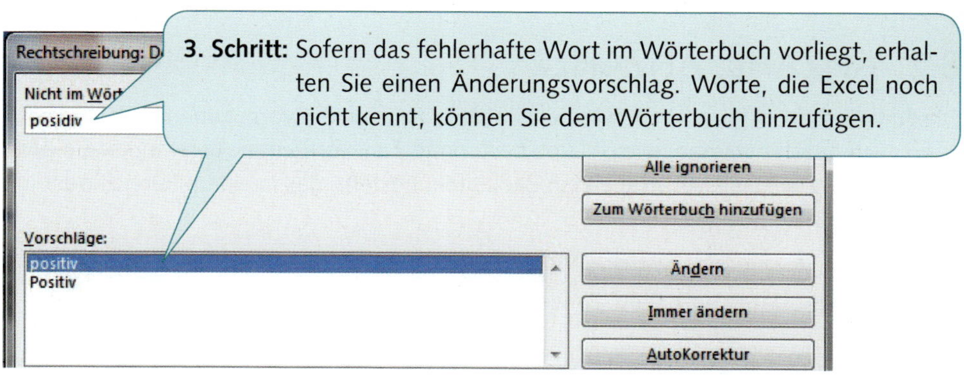

Merke

Nutzen Sie die Rechtschreibprüfung, um unnötige Punktabzüge durch Rechtschreibfehler zu vermeiden!

8. Wichtige Funktionen

Rahmenlehrplan Lernfeld 4 („Sachgüter und Dienstleistungen beschaffen und Verträge schließen"):

„Die Schülerinnen und Schüler […] nutzen notwendige Funktionen wie WENN, ZÄHLENWENN, SUMMEWENN und SVERWEIS"

8.1 SUMME, MAX, MIN, MITTELWERT

Die Funktionen SUMME, MAX, MIN und MITTELWERT wurden bereits im Kapitel 3.2 erläutert und sollen hier der Vollständigkeit halber noch einmal zusammengefasst werden.

	A	B	C	D	E
1					
2		1. Quartal	2. Quartal	3. Quartal	4. Quartal
3	Werte	13	9	21	15

Funktion und Syntax	Bedeutung	Beispiel	Ergebnis
=SUMME(Zellbereich)	Summe	=SUMME(B3:E3)	58
=MAX(Zellbereich)	Größter Wert einer Zahlenreihe	=MAX(B3:E3)	21
=MIN(Zellbereich)	Kleinster Wert einer Zahlenreihe	=MIN(B3:E3)	9
=MITTELWERT(Zellbereich)	Durchschnitt	=MITTELWERT(B3:E3)	14,5

Merke

Der Zellbereich kann als geschlossener Bereich, z. B. (B3:E3), aber auch als Aufzählung von Einzelwerten (B3;D3;E3) angegeben werden.

8.2 ANZAHL, ANZAHL2

Kapitel 8

Die Funktion ANZAHL gibt an, wie viele Zahlen sich in einem vorgegebenen Zellbereich befinden. Es kann auch gezählt werden, wie oft eine bestimmte Zahl vorkommt. Verwenden Sie ANZAHL, um zu ermitteln, aus wie vielen Einträgen ein Zahlenfeld besteht, das in einem Bereich oder in einer Matrix gespeichert ist.

Die Funktion ANZAHL2 verwenden Sie, wenn Sie wissen möchten, wie viele zu einem Bereich gehörende Zellen Daten enthalten. Es werden also auch Zellen mit Text gezählt.

Funktion und Syntax	Bedeutung	Beispiel	Ergebnis
=ANZAHL(Zellbereich)	Anzahl der Zahlen in einem Zellbereich	=ANZAHL(A3:E3)	4
=ANZAHL2(Zellbereich)	Anzahl der Zellen in einem Zellbereich, die Daten enthalten	=ANZAHL2(A3:E3)	5

8.3 RUNDEN, AUF- und ABRUNDEN, GANZZAHL, KÜRZEN

Mit den Funktionen RUNDEN, AUFRUNDEN, ABRUNDEN, GANZZAHL und KÜRZEN können Zahlen mit Dezimalstellen auf die gewünschte Art gerundet werden.

Arbeitsauftrag

Erstellen Sie die unten stehende Tabelle oder laden Sie die Datei *Beispiel 3 (RUNDEN u.a.)*.

	A	B	C	D	E	F	G	H
1								
2	Exakte Zahl	Runden auf	Runden auf	Runden auf	Aufrunden auf	Abrunden auf	Ganzzahl	Kürzen auf
3		zwei Stellen	-1 Stellen	-2 Stellen	drei Stellen	zwei Stellen		zwei Stellen
4	119,6354	119,64	120	100	119,636	119,63	119	119,63
5	-119,6354	-119,64	-120	-100	-119,636	-119,63	-120	-119,63
6								

Funktion und Syntax	Bedeutung	Beispiel	Ergebnis
RUNDEN(Zahl;Stellenanzahl)	Runden	=RUNDEN(A4;2) =RUNDEN(A4;-1)	119,64 120
=AUFRUNDEN(Zahl;Stellenanzahl)	Aufrunden	=AUFRUNDEN(A4;3) =AUFRUNDEN(A4;-2)	119,636 200
=ABRUNDEN(Zahl;Stellenanzahl)	Abrunden	=ABRUNDEN(A4;2) =ABRUNDEN(A4;-2)	119,63 100
=GANZZAHL(Zahl)	Abrunden auf die nächste ganze Zahl	=GANZZAHL(A4)	119
=KÜRZEN(Zahl;Stellenanzahl)	Abschneiden von Nachkommastellen	=KÜRZEN(A4;2)	119,63

Beim Anpassen der Nachkommastellen über ***Zellen formatieren*** bzw. über die Symbolleiste werden die Zahlen automatisch entsprechend der mathematischen Rundungsregeln (ab 5 auf-, darunter abrunden) gerundet.

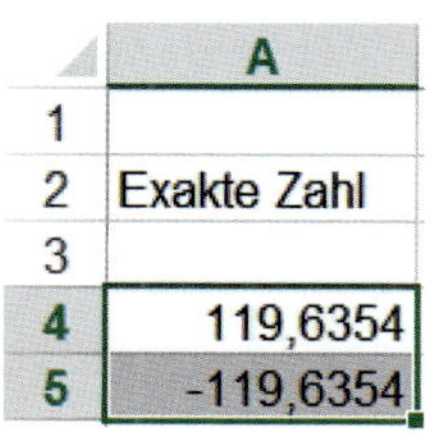

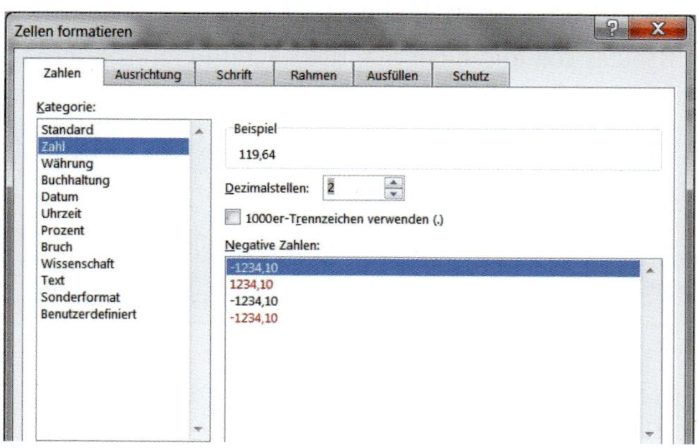

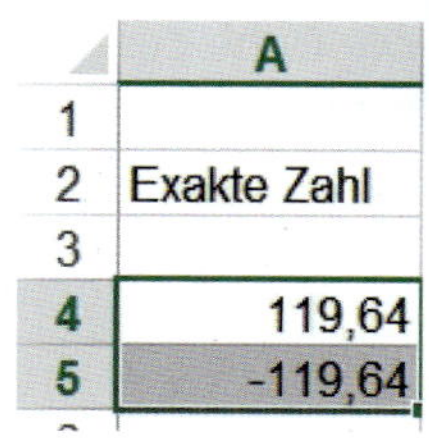

Kapitel 8

8.4 WENN, UND, ODER, ZÄHLENWENN, SUMMENWENN

Einfache WENN-Funktion

Lernsituation:

Sie sind Auszubildene(r) in der Personalabteilung der KBS GmbH und haben die Aufgabe mit Hilfe von Excel die Provisionen der Außendienstmitarbeiter zu berechnen. Die Provision beträgt grundsätzlich 2 %. Wenn der Umsatz 300.000 € übersteigt, erhält der Außendienstmitarbeiter 3 % Provision.

Arbeitsauftrag

Erstellen Sie dazu die unten stehende Tabelle oder laden Sie die Datei *Beispiel 4 (WENN-Fkt.)* und berechnen Sie die fehlenden Werte.

	A	B	C	D
1	**Vertreterumsätze KBS GmbH**			
2				
3				
4	**Name**	**Umsatz**	**Provisionssatz**	**Provision**
5	Beetz	356.930,00 €		
6	Benker	298.345,00 €		
7	Echtler	412.635,00 €		
8	Federl	501.354,00 €		
9	Gamstätter	291.456,00 €		
10	Müller	242.520,00 €		
11	Pliefke	487.453,00 €		
12	Schütz	600.360,00 €		
13	Weih	456.740,00 €		
14	Summe	3.647.793,00 €		

Die Höhe des Provisionssatzes soll nun nicht manuell eingetragen, sondern von Excel mit Hilfe der WENN-Funktion berechnet werden, so dass sich der Provisionssatz bei sich ändernden Umsatzzahlen automatisch anpasst.

Die WENN-Funktion hat folgende Syntax:

```
=WENN(Aussage;DANN-Anweisung;SONST-Anweisung)
```

In unserem Beispiel ist zu überprüfen, ob der Umsatz 300.000 € übersteigt. Ist dies der Fall, beträgt der Provisionssatz 3 %. Ist dies nicht der Fall, beträgt der Provisionssatz 2 %.

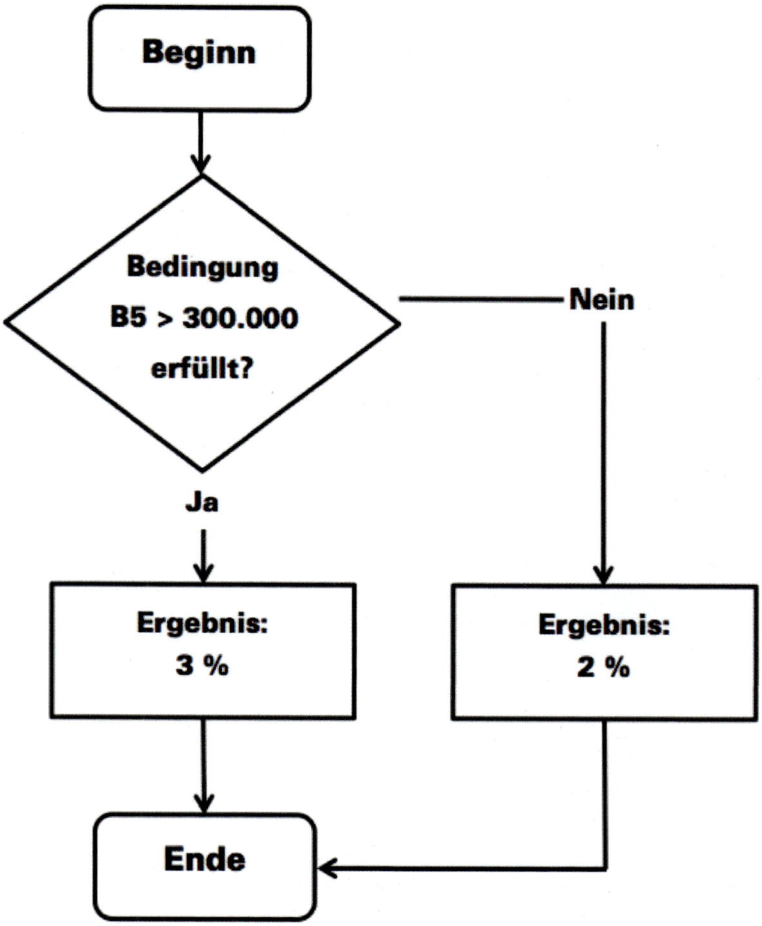

DANN-Anweisung:
Der Provisionssatz beträgt 3 %.

=WENN(B5>300000;3%;2%)

Zu überprüfende **Aussage**:
Ist der Umsatz größer
als 300.000 €?

SONST-Anweisung:
Ist die Bedingung B5 > 300 000
nicht erfüllt, beträgt der
Provisionssatz 2 %.

Die Funktion kann von der Zelle B5 in die Zellen B6 bis B11 kopiert werden. Excel passt den Provisionssatz jeweils richtig an. Die Provision berechnet sich aus Umsatz · Provisionssatz.

	A	B	C	D
1	**Vertreterumsätze KBS GmbH**			
2				
3				
4	**Name**	**Umsatz**	**Provisionssatz**	**Provision**
5	Beetz	356.930,00 €	3%	10.707,90 €
6	Benker	298.345,00 €	2%	5.966,90 €
7	Echtler	412.635,00 €	3%	12.379,05 €
8	Federl	501.354,00 €	3%	15.040,62 €
9	Gamstätter	291.456,00 €	2%	5.829,12 €
10	Müller	242.520,00 €	2%	4.850,40 €
11	Pliefke	487.453,00 €	3%	14.623,59 €
12	Schütz	600.360,00 €	3%	18.010,80 €
13	Weih	456.740,00 €	3%	13.702,20 €
14	Summe	3.647.793,00 €		101.110,58 €

Verschachtelte WENN-Funktion

Arbeitsauftrag

Um einen zusätzlichen Leistungsanreiz für die Außendienstmitarbeiter zu schaffen, sollen diejenigen, deren Umsatz 500.000 € übersteigt, eine Provision von 5 % erhalten. Passen Sie die WENN-Funktion entsprechend an.

In der Spalte C muss nun mit einer verschachtelten WENN-Funktion gearbeitet werden. Die SONST-Anweisung besteht jetzt aus einer eigenen WENN-Funktion.

Zweite zu prüfende Aussage:
Wurde ein Umsatz > 300.000 erreicht? → Provision 3 %

=WENN(B5>500000;5%;WENN(B5>300000;3%;2%))

Erste zu überprüfende Aussage:
Wurde ein Umsatz > 500.000 erreicht? → Provisionssatz 5 %

SONST-Anweisung:
Keine der Bedingungen erfüllt? → Provision 2 %

Sowohl die DANN- als auch die SONST-Anweisung kann natürlich auch aus einer Rechnung (z. B. b5+b6) bestehen. In diesem Fall schreibt Excel das Ergebnis der Berechnung in die Zelle. Darüberhinaus besteht die Möglichkeit, einen Text in die Zelle zu schreiben. Hierbei ist darauf zu achten, dass der Text in der WENN-Funktion in Anführungszeichen steht.

Funktion und Syntax	Beispiel (s.o.)	Ergebnis
=WENN(Aussage;DANN-Anweisung; SONST-Anweisung)	=WENN(B5>300000;3 %;"Fehlanzeige")	3 %
	=WENN(B6>300000;3 %;"Fehlanzeige")	Fehlanzeige

Nutzung des Funktionsassistenten

Die Nutzung des Funktionsassistenten (→ Kapitel 3.2, S. 20 f.) vereinfacht die Eingabe der Funktion und reduziert dadurch die Gefahr von Fehlern.

Nach Aufruf des Funktionsassistenten durch Klick auf f_x und Auswahl der WENN-Funktion können die einzelnen Funktionsargumente, also die zu prüfende Aussage **(1)**, die DANN-Anweisung **(2)** und die SONST-Anweisung **(3)** in das jeweils dafür vorgesehene Feld eingegeben werden.

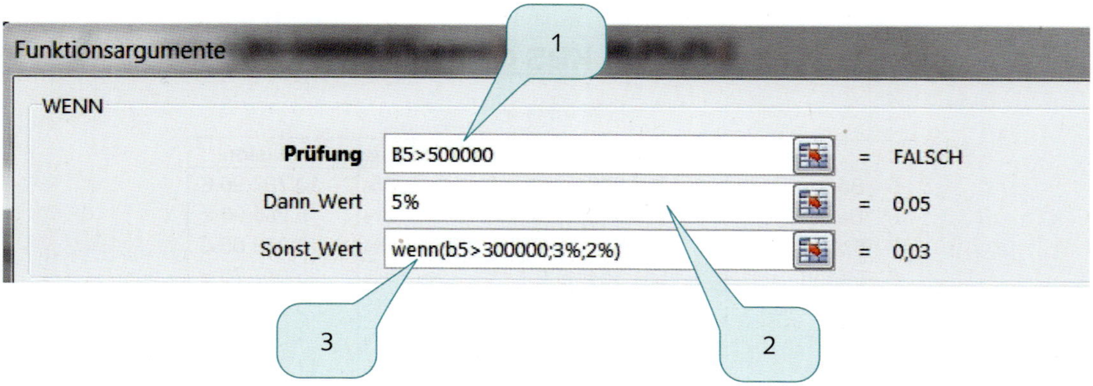

Bedingungen verknüpfen mit UND, ODER, NICHT

Mit Hilfe der logischen Bedingungen UND, ODER, NICHT lassen sich mehrere Bedingungen in der WENN-Funktion miteinander verknüpfen. UND, ODER, NICHT werden also in die WENN-Funktion integriert.

UND(Aussage1;Aussage2;...)	Die Funktion UND liefert das Ergebnis „wahr“, also Bedingung erfüllt, wenn **alle** Aussagen (maximal 30) wahr sind. Beispiel: Wenn der Umsatz zwischen 200.000 und 500.000 liegt, sollen 3 % Provision berechnet werden, andernfalls 2 %. =WENN**(UND(B5>=200000;B5<=500000)**;3%;2%)
ODER(Aussage1;Aussage2;...)	Die Funktion ODER liefert das Ergebnis „wahr“, wenn **mindestens eine** der Aussagen wahr ist. Beispiel: Wenn der Umsatz kleiner 100.000 oder größer 500.000 ist, soll in eine zusätzliche Spalte der Vermerk „außergewöhnlich“ geschrieben werden, ansonsten soll die Spalte leer bleiben. =WENN**(ODER(B5<100000;B5>500000)**;"außergewöhnlich";"")
NICHT(Aussage)	Die Funktion NICHT kehrt den Wahrheitswert der Aussage um. Ist die Aussage wahr, kehrt die Funktion NICHT sie in falsch um und umgekehrt. Beispiel: Wenn der Umsatz nicht kleiner als 400.000 ist, sollen 5 %, andernfalls 3 % Provision berechnet werden. =WENN**(NICHT(B5<400000)**;5%;3%)

ZÄHLENWENN

Arbeitsauftrag

Die KBS GmbH geht davon aus, dass die Außendienstmitarbeiter im Durchschnitt einen Umsatz von 350.000 € erreichen (Normalleistung). Ergänzen Sie in der Tabelle eine Zeile, in der die Anzahl der Außendienstmitarbeiter berechnet wird, die diesen Wert überschreiten.

	A	B	C	D
1	**Vertreterumsätze KBS GmbH**			
2				
3				
4	**Name**	**Umsatz**	**Provisionssatz**	**Provision**
5	Beetz	356.930,00 €	3%	10.707,90 €
6	Benker	298.345,00 €	2%	5.966,90 €
7	Echtler	412.635,00 €	3%	12.379,05 €
8	Federl	501.354,00 €	5%	25.067,70 €
9	Gamstätter	291.456,00 €	2%	5.829,12 €
10	Müller	242.520,00 €	2%	4.850,40 €
11	Pliefke	487.453,00 €	3%	14.623,59 €
12	Schütz	600.360,00 €	5%	30.018,00 €
13	Weih	456.740,00 €	3%	13.702,20 €
14	Summe	3.647.793,00 €		123.144,86 €
15				
16	Anzahl Vertreter über Normalleistung:			

Um diese Berechnung in einem Schritt durchführen zu können, bietet sich die ZÄHLENWENN-Funktion an.

Die ZÄHLENWENN-Funktion hat folgende Syntax:

=ZÄHLENWENN(Bereich;Suchkriterien)

Für die Zelle D16 ergibt sich also die Funktion:

Das Suchkriterium ist in Anführungszeichen zu setzen!

fx =ZÄHLENWENN(B5:B13;">350000")

15		
16	Anzahl Vertreter über Normalleistung:	6
17		

Kapitel 8

SUMMEWENN

Arbeitsauftrag

Erstellen Sie eine weitere Zeile in der der aufsummierte Gesamtumsatz aller Vertreter über Normalleistung ausgewiesen wird.

	A	B	C	D
1	**Vertreterumsätze KBS GmbH**			
2				
3				
4	**Name**	**Umsatz**	**Provisionssatz**	**Provision**
5	Beetz	356.930,00 €	3%	10.707,90 €
6	Benker	298.345,00 €	2%	5.966,90 €
7	Echtler	412.635,00 €	3%	12.379,05 €
8	Federl	501.354,00 €	5%	25.067,70 €
9	Gamstätter	291.456,00 €	2%	5.829,12 €
10	Müller	242.520,00 €	2%	4.850,40 €
11	Pliefke	487.453,00 €	3%	14.623,59 €
12	Schütz	600.360,00 €	5%	30.018,00 €
13	Weih	456.740,00 €	3%	13.702,20 €
14	Summe	3.647.793,00 €		123.144,86 €
15				
16	Anzahl Vertreter über Normalleistung:			6
17	Umsatz der Vertreter über Normalleistung:			

Diese zunächst komplex erscheinende Rechenoperation lässt sich ebenfalls mit einer einzigen Funktion lösen. Die hier anzuwendende SUMMEWENN-Funktion folgt der gleichen Logik wie die ZÄHLENWENN-Funktion.

Die SUMMEWENN-Funktion hat folgende Syntax:

=SUMMEWENN(Bereich;Suchkriterien;Summe_Bereich)

Für die Zelle D17 ergibt sich also die Funktion:

fx =SUMMEWENN(B5:B13;">350000";B5:B13)

17	Umsatz der Vertreter über Normalleistung:	2.815.472,00 €

Kapitel 8

8.5 RANG

Arbeitsauftrag

In der Tabelle „Vertreterumsätze KBS GmbH" soll hinter die Spalte „Umsatz" eine Spalte „Rang" eingefügt werden. In dieser Spalte soll automatisch der jeweilige Rang der einzelnen Vertreter im Hinblick auf die Umsatzhöhe ermittelt werden.
Erstellen Sie dazu die unten stehende Tabelle oder laden Sie die Datei *Beispiel 5 (RANG-Fkt.)* und berechnen Sie die fehlenden Werte.

Die Rang-Funktion hat folgende Syntax:

=RANG(Zahl;Besuchsbereich;Reihenfolge)

Zahl	...ist der Zellinhalt, dessen Platz in einer Rangfolge ermittelt werden soll. *In unserem Beispiel: B5*
Bezugsbereich	...ist der Zellbereich, aus dem der Rangplatz ermittelt wird. *In unserem Beispiel: B5 bis B13* Damit die Funktion kopierfähig ist, muss der Zellbereich absolut adressiert sein, also b5:b13.
Reihenfolge	...gibt an, wie der Rang der Vergleichszelle bestimmt werden soll. 0: Ermittelt den Rang vom größten zum kleinsten Wert absteigend.

Für die Zelle C5 ergibt sich also folgende Funktion:

=RANG(B5;$B$5:$B$13;0)

	A	B	C	D	E
1	**Vertreterumsätze KBS GmbH**				
2					
3					
4	**Name**	**Umsatz**	**Rang**	**Provisionssatz**	**Provision**
5	Beetz	356.930,00 €	6	3%	10.707,90 €
6	Benker	298.345,00 €	7	2%	5.966,90 €
7	Echtler	412.635,00 €	5	3%	12.379,05 €
8	Federl	501.354,00 €	2	5%	25.067,70 €
9	Gamstätter	291.456,00 €	8	2%	5.829,12 €
10	Müller	242.520,00 €	9	2%	4.850,40 €
11	Pliefke	487.453,00 €	3	3%	14.623,59 €
12	Schütz	600.360,00 €	1	5%	30.018,00 €
13	Weih	456.740,00 €	4	3%	13.702,20 €
14	Summe	3.647.793,00 €			123.144,86 €

Funktion und Syntax	Beispiel in Zelle C6	Ergebnis
=RANG(Zahl;Bezugsbereich;0)	=RANG(b6;b5:b13;0)	7

Kapitel 8

8.6 SVERWEIS,WVERWEIS

Lernsituation:

Als Mitarbeiter(in) des Staubsauger-Vertriebs Superclean GmbH sollen Sie die Provisionen der Außendienstmitarbeiter entsprechend einer detaillierten Provisionstabelle berechnen.

Arbeitsauftrag

Erstellen Sie dazu die unten stehende Tabelle oder laden Sie die Datei *Beispiel 6 (Verweis-Fkt.)*. Berechnen Sie die unterschiedlichen Provisionssätze mit einer geeigneten, kopierfähigen Funktion.

	A	B	C	D	E	F	G
1	**Provisionsberechnung**						
2							
3	**Name**	**Umsatz**	**Provisionssatz**	**Provision**		**Provisionstabelle**	
4	**Bluhm**	250.000 €				**Umsatz**	**Provisionssatz**
5	**Böhm**	350.000 €				0 €	0%
6	**Graf**	300.000 €				50.000 €	2%
7	**Hofmann**	150.000 €				100.000 €	3%
8	**Klos**	430.000 €				150.000 €	4%
9	**Maier**	560.000 €				200.000 €	5%
10	**Möllmann**	290.000 €				250.000 €	6%
11	**Nuhr**	470.000 €				300.000 €	7%
12	**Reich**	140.000 €				350.000 €	8%
13	**Schneider**	502.000 €				400.000 €	9%
14	**Stenzel**	48.000 €				450.000 €	10%
15	**Vogel**	310.000 €				500.000 €	12%
16	**Wagner**	29.000 €					
17	**Summe**	3.829.000 €					

Zur Lösung dieser Aufgabe wird die Funktion SVERWEIS benötigt. Diese Funktion sucht anhand bestimmter Kriterien (beispielsweise Umsatz = 250.000 €) den zugehörigen Wert (Provisionssatz = 6 %).

Die Funktion **SVERWEIS** hat folgende Syntax:

=SVERWEIS(Suchwert;Suchbereich;Ergebnis*spalte*)

Suchwert:
(Zelle b4 mit 250.000 €).

Ergebnisspalte: In der 2. Spalte des Suchbereichs stehen die zu ermittelnden Ergebnisse.

=SVERWEIS(B4;$F$5:$G$15;2)

Suchbereich: Die Werte der Provisionstabelle erstrecken sich von der Zelle F5 bis zu G15. Achten Sie auf eine absolute Zelladressierung, um ein Kopieren der Formel zu ermöglichen!

Kapitel 8

Die Provision berechnet sich jeweils dadurch, dass man den Provisionssatz mit dem Umsatz multipliziert.

	A	B	C	D	E	F	G
1	**Provisionsberechnung**						
2							
3	**Name**	**Umsatz**	**Provisionssatz**	**Provision**		**Provisionstabelle**	
4	**Bluhm**	250.000 €	6%	15.000 €		**Umsatz**	**Provisionssatz**
5	**Böhm**	350.000 €	8%	28.000 €		0 €	0%
6	**Graf**	300.000 €	7%	21.000 €		50.000 €	2%
7	**Hofmann**	150.000 €	4%	6.000 €		100.000 €	3%
8	**Klos**	430.000 €	9%	38.700 €		150.000 €	4%
9	**Maier**	560.000 €	12%	67.200 €		200.000 €	5%
10	**Möllmann**	290.000 €	6%	17.400 €		250.000 €	6%
11	**Nuhr**	470.000 €	10%	47.000 €		300.000 €	7%
12	**Reich**	140.000 €	3%	4.200 €		350.000 €	8%
13	**Schneider**	502.000 €	12%	60.240 €		400.000 €	9%
14	**Stenzel**	48.000 €	0%	0 €		450.000 €	10%
15	**Vogel**	310.000 €	7%	21.700 €		500.000 €	12%
16	**Wagner**	29.000 €	0%	0 €			
17	**Summe**	3.829.000 €		326.440 €			

Die Funktion SVERWEIS sucht senkrecht nach dem Suchwert in der ersten **Spalte** des Suchbereichs. Die Funktion WVERWEIS sucht waagerecht nach dem Suchwert in der ersten **Zeile** des Suchbereichs. Würde die Tabelle *Provisionsberechnung* nun beispielsweise aus einer in Zeilen erstellten Provisionstabelle (→ Beispieldatei) errechnet, müssten wir die Funktion WVERWEIS anwenden.

21	**Provisionstabelle**										
22											
23	**Umsatz**	0 €	50.000 €	100.000 €	150.000 €	200.000 €	250.000 €	300.000 €	350.000 €	400.000 €	450.000 €	500.000 €
24	**Provisionssatz**	0%	2%	3%	4%	5%	6%	7%	8%	9%	10%	12%

Die **WVERWEIS**-Funktion hat folgende Syntax:

=WVERWEIS(Suchwert;Suchbereich;Ergebnis*zeile*)

Für das obige Beispiel (Zelle C4) würde die Funktion wie folgt lauten:

=WVERWEIS(B4;$B$23:$L$24;2)

Funktion und Syntax	Beispiel in Zelle C4	Ergebnis
=SVERWEIS(Suchwert;Suchbereich;Ergebnisspalte)	=SVERWEIS(B4;$F$5:$G$15;2)	6%
=WVERWEIS(Suchwert;Suchbereich;Ergebniszeile)	=WVERWEIS(B4;$B$23:$L$24;2)	6%

8.7 Datums- und Uhrzeitfunktionen

Excel kann nicht nur mit Zahlen, sondern auch mit Datum und Uhrzeit Rechenoperationen durchführen. So können beispielsweise Zinstage, Arbeitsstunden oder auch das Alter berechnet werden.

Datumsfunktionen

Funktion	Ergebnis
=HEUTE()	Bestimmung des heutigen Datums (hier: 16.12.2014)
=TAG(Zahl)	Bestimmung des Tages
=MONAT(Zahl)	Bestimmung des Monats
=JAHR(Zahl)	Bestimmung des Jahres

	A	B	
1	**Heute**	16.12.2014	=HEUTE()
2			
3	**Tag**	16	=TAG(B1)
4			
5	**Monat**	12	=MONAT(B1)
6			
7	**Jahr**	2014	=JAHR(B1)

Uhrzeitfunktionen

Funktion	Ergebnis
=JETZT()	Bestimmung der aktuellen Uhrzeit (hier: 12:28:42)
=STUNDE(Zahl)	Bestimmung der Stunde
=MINUTE(Zahl)	Bestimmung der Minute
=SEKUNDE(Zahl)	Bestimmung des Sekunde

	A	B	
1	**JETZT**	12:28:42	=JETZT()
2			
3	**STUNDE**	12	=STUNDE(B1)
4			
5	**MINUTE**	28	=MINUTE(B1)
6			
7	**SEKUNDE**	42	=SEKUNDE(B1)

Berechnung der Zinstage

Funktion	Ergebnis
=TAGE360(Ausgangsdatum;Enddatum;Methode[1])	Die Anzahl der Tage berechnen (1 kaufmännisches Jahr = 360 Tage)

[1)] Die Angabe der Methode kann weggelassen werden, wenn nicht mit der NASD-Methode gerechnet wird.

Beispiel	Ergebnis
=TAGE360(„04.11.2014";"31.12.2014")	57

Arbeitsauftrag

Als kaufmännische Angestellte eines Hotels sollen Sie mit Hilfe von Excel die Hotelrechnungen der Gäste erstellen. Neben der Übernachtung mit Frühstück ist auch die Gebühr für die Nutzung der hoteleigenen Tennisplätze zu berechnen. Erstellen Sie dazu die unten stehende Tabelle oder laden Sie die Datei *Beispiel 7 (Datum und Uhrzeit)*.

	A	B	C	D	E	F	G
1	***Hotelrechnung***						
2							
3	**Aufenthaltsdauer**		**Anreise**	**Abreise**	**Übernachtungen**	**Preis pro Übern.**	**Betrag**
4			08.09.2015	21.09.2015	13	95,00 €	**1.235,00 €**
5							
6	**Besuch der Tennisanlage**		**Beginn**	**Ende**	**Angef. Stunden**	**Preis pro Stunde**	**Betrag**
7		16.09.2015	13:30	15:10	2	8,00 €	16,00 €
8		18.09.2015	09:00	11:20	3	8,00 €	24,00 €
9							**40,00 €**
10							
11						**Gesamtbetrag:**	**1.275,00 €**

Berechnung der Übernachtungen in Zelle E4:

fx =D4-C4

Im Datumsformat kann gerechnet werden wie im Zahlenformat.
Das Anreisedatum wird einfach vom Abreisedatum abgezogen.

Kapitel 8

Berechnung der angefangenen Stunden in Zelle E7:

fx =AUFRUNDEN(STUNDE(D7-C7)+MINUTE(D7-C7)/60;0)

Minuten, die eine angefangene Stunde anzeigen, werden vor der Addition durch 60 geteilt. Bei jeder gezählten Minute ist das Ergebnis ungleich 0 und wird der Stundenanzahl hinzuaddiert. Die Funktion AUFRUNDEN gibt dann die nächsthöhere Stundenzahl an.

Berechnung des Alters

Das momentane Alter lässt sich in Excel mit der Funktion DATEDIF berechnen.

Die DATEDIF-Funktion hat folgende Syntax:

=DATEDIF(Ausgangsdatum;Enddatum;Einheit)

Die Funktion DATEDIF ermittelt also die Differenz zwischen zwei Datumsangaben. Mit dem Argument „Einheit" wird festgelegt, in welcher Zeiteinheit die Differenz ausgegebene wird. Das Argument „Y" steht für „year" und gibt die Differenz in Jahren aus. Das Argument „M" für „month" und „D" für day geben das Ergebnis in Monaten bzw. Tagen aus.

Arbeitsauftrag

Als Mitarbeiterin der Personalabteilung sollen Sie mit Hilfe von Excel das aktuelle Alter der Mitarbeiter berechnen. Erstellen Sie dazu die unten stehende Tabelle oder laden Sie die Datei *Beispiel 8 (DATEDIF-Fkt.).*

	A	B	C
1	**Mitarbeiter/innen der Abteilung "Kaufmännische**		
2			
3	**Name**	**Geburtstag**	**Alter**
4	Bauer, Jens	13.07.1964	
5	Dremmler, Klaus	12.04.1956	
6	Freitag, Martina	11.12.1973	
7	Hagemann, Thomas	30.01.1974	
8	Küffner, Johanna	02.06.1980	
9	Mann, Karl-Heinz	17.05.1952	
10	Ölschlegel, Tobias	23.02.1978	
11	Schmidt, Jana	19.03.1982	

=DATEDIF(B4;HEUTE();"Y")

Kapitel 8

8.8 Bearbeitung fehlerhafter Formeln und Funktionen

Grundsätzlich lassen sich drei Arten von Fehlern unterscheiden.

Syntaxfehler werden von Excel sofort nach der Eingabe erkannt, d. h. die Formel bzw. Funktion wird nicht ausgeführt. Es erscheint eine Fehlermeldung und Excel gibt in einem Dialogfenster einen Fehlerhinweis. Oftmals handelt es sich um reine Schreibfehler, die sich leicht korrigieren lassen.

Zirkelbezüge entstehen, wenn sich eine Formel bzw. Funktion auf sich selbst bezieht. Beispielsweise enthält die Formel =C3+1, wenn sie in die Zelle C3 eingegeben wird, einen Zirkelbezug.

In der Prüfung weitaus gefährlicher als Syntaxfehler oder Zirkelbezüge sind **logische Fehler**. Hier führt die Formel bzw. Funktion z. B. durch die falsche Logik bzw. Anordnung der Zellbezüge zu falschen Ergebnissen. Da Excel diese Fehler nicht erkennt, erscheint keine Fehlermeldung.

Merke

Korrigieren Sie nicht nur die Syntaxfehler und Zirkelbezüge, sondern achten Sie auch auf mögliche logische Fehler Ihrer Funktionen und Formeln. Überprüfen Sie stichpunktartig, ob die berechneten Ergebnisse plausibel sind!

Manchmal kommt es vor, dass im Laufe der Bearbeitung der Tabelle in einzelnen Zellen **Fehlermeldungen** angezeigt werden, die zuletzt gar nicht bearbeitet wurden. Diese Fehlermeldungen resultieren aus nachträglichen Veränderungen.

In der nachfolgenden Tabelle werden die häufigsten Fehlermeldungen und ihre jeweilige Bedeutung kurz dargestellt.

Fehlermeldung	Bedeutung
***####### ***	Die berechnete Zahl passt nicht in die Zelle. Passen Sie die Spaltenbreite entsprechend an.
#DIV/0!	Hier wird in der Formel bzw. Funktion durch Null geteilt. Dies ist mathematisch nicht erlaubt. Deswegen erscheint die Fehlermeldung. Überprüfen Sie, ob die Formel bzw. Funktion auf die richtigen Zellbezüge zugreift.
#BEZUG!	Überprüfen Sie die Zellbezüge, die sich eventuell durch das Löschen oder Einfügen von Zellen geändert haben.
#WERT!	Diese Meldung erscheint beispielsweise, wenn die Zelle, mit der gerechnet werden soll, einen Text enthält. Überprüfen Sie, auf welche Zellen sich die Funktion bzw. Formel bezieht.
#NULL!	Die Zellbezüge können nicht gefunden werden. Überprüfen Sie die Schreibweise in der Funktion bzw. Formel.
#NV!	Hier enthält die Funktion bzw. die Formel möglicherweise Bezüge auf leere Zellen.
#NAME?	Der Text in einer Formel wird nicht erkennt, weil der Funktionsname falsch geschrieben wurde.
#ZAHL!	Die Formel enthält ungültige numerische Werte (z. B. liegen die eingegebenen Werte außerhalb des vorgeschriebenen Zahlenbereichs von 0 bis 1).

9. Prüfungsübungen

9.1 Situation 1: Umsatzstatistik*

Schwierigkeitsgrade:
* niedrig ** mittel *** hoch

Das Möbelhaus Gockel im niederbayerischen Passau beschäftigt fünf Möbelverkäufer. Der Jahresumsatz der Verkäufer entwickelte sich in sechs Jahren wie folgt:

	1. Jahr	2. Jahr	3. Jahr	4. Jahr	5. Jahr	6. Jahr
Ammer, Anton	1.734.245	1.779.980	1.980.502	1.923.211	1.905.015	1.812.435
Eder, Hans	1.940.210	2.000.234	2.060.318	2.020.254	2.124.032	2.187.110
Seidel, Georg	1.908.760	1.998.956	2.004.211	2.143.026	2.101.065	2.298.767
Wischer, Ottfried	1.656.120	1.729.043	1.967.987	2.150.947	2.350.998	2.611.366
Zirner, Josef	1.850.670	1.829.560	1.799.566	1.731.724	1.680.129	1.540.120

Arbeitsaufträge

1. Erstellen Sie im Programm Excel die oben dargestellte Tabelle oder laden Sie die Datei „Situation 1“.
2. Ergänzen Sie die Tabelle um eine Summenzeile und eine Summenspalte, in der der Gesamtumsatz der einzelnen Jahre bzw. der Gesamtumsatz der einzelnen Verkäufer errechnet wird.
3. Formatieren Sie die Vertreternamen und den Begriff „Summe“ fett und kursiv sowie die Spaltenüberschriften (Jahreszahlen) jeweils fett. Zentrieren Sie die Jahreszahlen über den Spalten. Versehen Sie die Tabelle mit einem Gitternetz (s. o.).
4. Formatieren Sie alle Zahlen im Währungsformat mit €-Symbol und zwei Nachkommastellen.
5. Erstellen Sie ein Liniendiagramm, mit deren Hilfe die Entwicklung des Umsatzes der einzelnen Verkäufer für den gesamten Zeitraum veranschaulicht wird.
   a.) Versehen Sie das Diagramm mit der Überschrift „Verkäuferumsatz“.
   b.) Platzieren Sie die Legende unterhalb der Grafik.
   c.) Wählen Sie als Skalierung für die Y-Achse den Minimum-Wert 1.000.000 und den Maximum-Wert 2.800.000. Das Hauptintervall soll 200.000 betragen.
   d.) Formatieren Sie die Achsenbeschriftung der X- und Y-Achse im Schriftformat Arial 11 pt fett.
   e.) Die Beschriftung der Y-Achse soll als Währung mit 1000er-Trennzeichen, zwei Nachkommastellen und €-Symbol formatiert sein.
6. Stellen Sie in einem Kreisdiagramm dar, wie groß die prozentualen Anteile der einzelnen Verkäufer am Gesamtumsatz waren (Summen der letzten sechs Jahre).
   a.) Das Diagramm soll die Überschrift „Umsatzanteile der letzten sechs Jahre“ enthalten.
   b.) Platzieren Sie die Legende unterhalb des Kreisdiagramms.
   c.) Fügen Sie im Diagramm zu den einzelnen Anteilen des Kreisdiagramms die entsprechenden Prozentwerte hinzu.
7. Beurteilen Sie die Arbeit der einzelnen Vertreter anhand des vorliegenden Datenmaterials.
8. Richten Sie Ihre Seite so ein, dass die gesamte Situation vollständig auf eine A4-Seite gedruckt werden kann.

9.2 Situation 2: Angebotsvergleich I*

Sie sind als Mitarbeiterin bzw. Mitarbeiter in der Abteilung Einkauf der Bürodesign GmbH, einem Großhandelsunternehmen für Büroeinrichtung, verantwortlich für die Beschaffung von Büromöbeln, mit denen die Bürodesign GmbH handelt. Ihnen liegen Angebote der Schmidt GmbH und Bauer OHG vor, die Ihnen jeweils qualitativ gleichwertige Schreibtische anbieten. Sie haben geplant, 30 Schreibtische zu beschaffen.

Arbeitsaufträge

1. Erstellen Sie die folgende Tabelle oder laden Sie die Datei „Situation 2".

	A	B	C	D	E
1	**Situation 2**				
2					
3	**Angebotsvergleich**				
4					
5	Geplante Bestellmenge:	30			
6					
7		**Angebot Schmidt GmbH**		**Angebot Bauer OHG**	
8	Stückpreis		350,00		360,00
9	Rabatt bei Abnahme von mind.	20 Stück	12,5%	25 Stück	15,0%
10	Skonto bei Zahlung innerhalb von	8 Tagen	2,5%	8 Tagen	3%
11	Bezugskosten je Stück		2,25		1,85
12	zusätzliche Lieferkosten	bis 40 Stück	55,50	bis 35 Stück	47,50
13					

2. Ergänzen Sie auf dem Tabellenblatt das folgende Kalkulationsschema der Bezugskalkulation. Achten Sie dabei auch auf die entsprechenden Formatierungen.

14					
15	Bezugskalkulation	**Angebot Schmidt GmbH**		**Angebot Bauer OHG**	
16		**in %**	**in EUR**	**in %**	**in EUR**
17	Listeneinkaufspreis (LEP)				
18	- Rabatt				
19	= Zieleinkaufspreis (ZEP)				
20	- Skonto				
21	= Bareinkaufspreis				
22	+ Bezugskosten				
23	= Bezugspreis (Einstandspreis)				
24					
25	**Bezugspreis pro Stück**				

3. Berechnen Sie mit der erstellten Tabelle auf der Grundlage der in den beiden Angeboten vorgegebenen Werten jeweils den Bezugspreis für 30 Stück und den Bezugspreis pro Stück. Setzen Sie soweit wie möglich Formeln und Funktionen ein, so dass die Angaben der beiden Angebote (Zellbereich B8 bis E12) im Kalkulationsschema automatisch berücksichtigt werden.
4. Formatieren Sie alle Geldwerte als Währung mit zwei Nachkommastellen und €-Symbol und alle Prozentwerte mit Prozentzeichen. Die berechneten Bezugspreise pro Stück sollen in Fettschrift erscheinen.
5. Welches der beiden Angebote ist günstiger? Wie wäre es, wenn der Rabatt der Bauer OHG nur 14 % betragen würde? Nennen Sie drei qualitative Kriterien, die neben dem Bezugspreis beim Angebotsvergleich als Entscheidungskriterien herangezogen werden sollten. Welchen Stellenwert haben solche qualitativen Kriterien für den vorliegenden Angebotsvergleich?
6. Richten Sie Ihre Seite so ein, dass die gesamte Situation vollständig auf eine A4-Seite gedruckt werden kann.

9.3 Situation 3: Kostenübersicht*

Als Mitarbeiterin bzw. Mitarbeiter in der Abteilung „Allgemeine Verwaltung" werden Sie von Ihrem Abteilungsleiter gebeten, die Kosten Ihres Unternehmens im Fünfjahresvergleich darzustellen.

Arbeitsaufträge

1. Erstellen Sie die abgebildete Tabelle oder laden Sie die Datei „Situation 3".

	A	B	C	D	E	F
1	**Situation 3**					
2						
3	**Kostenübersicht**					
4						
5		1. Jahr	2. Jahr	3. Jahr	4. Jahr	5. Jahr
6	Materialverbrauch	620345	685051	652340	622300	587985
7	Kommunikationsaufwand	390232	429998	457623	510041	545201
8	Energieaufwand	219892	245630	209855	199765	200114
9	Abschreibungen	530250	530250	530250	410000	410000
10	Gehälter / Sozialaufwand	911340	981430	1015421	1040120	1070645
11	Mieten	60000	60000	60000	75500	75500
12	Sonstige Kosten	3412	4112	3421	5231	1987
13						

2. Ergänzen Sie eine Spalte, in der Sie die Summen für den Fünfjahreszeitraum berechnen.
3. Berechnen Sie den jährlichen Gesamtaufwand für jedes der fünf Jahre.
4. Berechnen Sie für jedes Jahr den prozentualen Anteil des Kommunikationsaufwandes am jährlichen Gesamtaufwand.
5. Berechnen Sie für jedes Jahr den prozentualen Anteil des Materialverbrauchs am jährlichen Gesamtaufwand.
6. Formatieren Sie die in 4. und 5. berechneten Ergebnisse in Prozent mit zwei Nachkommastellen.
7. Berechnen Sie mit Hilfe der entsprechenden Funktionen für jede Aufwandsart den Jahresdurchschnitt, den Maximalwert und den Minimalwert im Fünfjahresvergleich.
8. Formatieren Sie die Überschrift im Schriftformat Arial 12 pt, fett, unterstrichen und die Zeilen- und Spaltenbezeichnungen jeweils fett. Zentrieren Sie die Spaltenüberschriften.
9. Formatieren Sie alle Zahlen mit 1000er-Trennzeichen ohne Nachkommastellen.
10. Erstellen Sie ein Säulendiagramm, in dem der Vergleich der Anteile des Kommunikationsaufwands und des Materialverbrauchs am jährlichen Gesamtaufwand veranschaulicht wird. Das Diagramm soll die Entwicklung dieser Anteile (ohne den Gesamtaufwand) über die gesamten fünf Jahre zeigen.

9.4 Situation 4: Private Finanzübersicht*

Das Konto der Kaufmännischen Angestellten Susanne Müller ist permanent überzogen. Obwohl sie ein Nettogehalt von 1.330,00 EUR bezieht und durch einen Nebenjob in einer Kneipe ein Zusatzeinkommen von 100,00 - 200,00 EUR erzielt, kann sie ihre Ausgaben nicht decken. Um die Ursachen für ihre Finanzmisere zu klären, notiert sie sich drei Monate lang ihre Einnahmen und Ausgaben und wertet diese mit Hilfe von Excel aus.

Arbeitsaufträge

1. Erstellen Sie die abgebildete Tabelle oder laden Sie die Datei „Situation 4".

	A	B	C	D
1	**Situation 4**			
2				
3	Private Finanzübersicht Susanne Müller			
4				
5		Januar	Februar	März
6				
7	Nettogehalt	1330,00	1330,00	1330,00
8	sonst. Einkünfte	200,00	100,00	150,00
9				
10				
11	Fixe Kosten:			
12	Miete (Kaltmiete)	360,00	360,00	360,00
13	Miete (Nebenkosten)	100,00	100,00	100,00
14	Strom	50,00	50,00	50,00
15	PKW (Vers. + Steuer)	60,00	60,00	60,00
16	Lebensversicherung	100,00	100,00	100,00
17				
18	Variable Kosten:			
19	Telekom, inkl. Internet	76,50	56,80	89,90
20	Handy	46,20	87,80	59,92
21	Treibstoff	135,00	155,00	145,00
22	Lebensmittel	350,00	305,00	330,00
23	Kleidung	200,00	95,00	260,00
24	Wochenende, Freizeit	300,00	320,00	240,00
25				

2. Fügen Sie Zeilen ein, in denen Sie die Gesamteinnahmen, die Gesamtausgaben sowie den monatlichen Saldo (Überschuss bzw. Defizit aus Einnahmen abzüglich Ausgaben) der einzelnen Monate berechnen.
3. Ergänzen Sie eine Spalte, in der Sie für alle Zeilen den Durchschnittswert für die drei Monate berechnen und eine weitere Spalte, in der Sie die errechneten Werte auf ein Jahr hochrechnen. *[Lösungshinweis: Nehmen Sie an, dass der Durchschnittswert auch für die restlichen neun Monate gilt.]*
4. Formatieren Sie die Überschrift der Tabelle im Schriftformat Arial 12 pt, fett, unterstrichen und zentrieren Sie die Überschrift über alle Spalten. Formatieren Sie alle Zahlen im Währungsformat mit zwei Nachkommastellen und €-Symbol.
5. Die Zeilenbezeichnungen und Spaltenüberschriften sind fett und kursiv zu formatieren. Folgende Zeilen sind mit einer grauen Schattierung zu hinterlegen und mit einem Rahmen zu versehen: Spaltenüberschriften (Januar, ...), Gesamteinnahmen, Gesamtausgaben und Saldo.
6. Wie beurteilen Sie die finanzielle Situation von Susanne Müller? Susanne Müller erwägt als Sofortmaßnahme, ihre Lebensversicherung zu kündigen, um wieder zu Geld zu kommen. Was halten Sie von dieser Idee? Welchen Ratschlag würden Sie ihr geben?
7. Richten Sie Ihre Seite so ein, dass sie auf eine A4-Seite gedruckt werden kann.

9.5 Situation 5: Investitionen*

Sie sind Mitarbeiterin bzw. Mitarbeiter der Meier KG und analysieren die Investitionen Ihres Unternehmens.

Arbeitsaufträge

1. Erstellen Sie die dargestellte Tabelle oder laden Sie die Datei „Situation 5“.

	A	B	C	D	E
1	**Situation 5**				
2					
3	Investitionen der Meier KG				
4					
5					
6		I. Quartal	II. Quartal	III. Quartal	IV. Quartal
7	Maschinen	97.530,00 €	160.032,00 €	175.440,00 €	0,00 €
8	Fuhrpark	60.780,00 €	0,00 €	0,00 €	54.000,00 €
9	Computerausstattung	35.000,00 €	14.500,00 €	0,00 €	13.000,00 €
10	Büromöbel	700,00 €	1.300,00 €	500,00 €	450,00 €
11	Weiterbildung	0,00 €	15.600,00 €	1.200,00 €	1.100,00 €
12	Sonstige Investitionen	12.900,00 €	3.000,00 €	5.900,00 €	7.600,00 €
13					

2. Berechnen Sie die Summen für die einzelnen Quartale sowie für die einzelnen Investitionsbereiche (Maschinen, Fuhrpark etc.).
3. Berechnen Sie – beginnend mit dem II. Quartal – die Differenz der Investitionssumme im Vergleich zum unmittelbar vorhergehenden Quartal.
4. Berechnen Sie – beginnend mit dem II. Quartal – die prozentuale Veränderung der Investitionssumme im Vergleich zum unmittelbar vorhergehenden Quartal.
5. Formatieren Sie die Überschrift "Investitionen der Meier KG" im Schriftformat Times New Roman 16 pt, fett und unterstrichen, die einzelnen Investitionsbereiche in Times New Roman 12 pt, fett und kursiv sowie die Zeilen- und Spaltenbezeichnung „Summe“ und die Quartalsüberschriften in Times New Roman 12 pt und fett.
6. Erstellen Sie ein Kreisdiagramm, das die Anteile der einzelnen Investitionsbereiche an der jährlichen Gesamtinvestition verdeutlicht. Versehen Sie das Diagramm mit einer aussagefähigen Überschrift und einer Legende rechts neben dem Diagramm im Schriftformat Arial 9 pt.
7. Der Geschäftsführer der Meier KG möchte einen gerafften Bericht über die von Ihnen ausgewerteten Zahlen. Dabei interessieren ihn vor allem zwei Fragen:
   - Welchen Anteil haben die Investitionen in neue Maschinen am Gesamtinvestitionsvolumen?
   - Wie hat sich das Investitionsvolumen im Laufe des Jahres von Quartal zu Quartal entwickelt? Gibt es irgendwelche Besonderheiten? Wie erklären sich diese?
8. Richten Sie Ihre Seite so ein, dass die gesamte Situation vollständig auf eine A4-Seite gedruckt werden kann.

9.6 Situation 6: Handelsspanne*

Sie sind Mitarbeiterin bzw. Mitarbeiter im Kaufhaus Hortie und sollen die Handelsspannen verschiedener Digitalkameras anhand deren Einkaufs- und Verkaufspreis (***Nettopreise!***) analysieren.

Arbeitsaufträge

1. Erstellen Sie die abgebildete Tabelle oder laden Sie die Datei „Situation 6".

	A	B	C	D
1	**Situation 6**			
2				
3	Auswertung der Handelsspannen			
4				
5	Produkt	Einkaufspreis	Verkaufspreis	Handelsspanne
6				
7	Canon	299,90	479,00	
8	Kodak	89,50	169,00	
9	Fuji	69,00	111,00	
10	Nikon	249,00	379,00	
11	Casio	229,90	349,00	
12	Olympos	200,00	279,00	
13	HP	235,50	379,00	
14	Konica	215,00	349,00	
15				

2. Berechnen Sie die Handelsspanne mit der Formel:

   Handelsspanne = (Verkaufspreis – Einkaufspreis) / Verkaufspreis
3. Erweitern Sie die Tabelle zusätzlich um die Durchschnittswerte der Einkaufspreise, Verkaufspreise und Handelsspannen durch die Eingabe der entsprechenden Funktionen in die Zeile 15.
4. Formatieren Sie alle Geldbeträge im Währungsformat mit €-Symbol und zwei Nachkommastellen sowie die Handelsspannen in Prozent ohne Nachkommastelle.
5. Fügen Sie im Zellbereich A6 bis A14 zusätzliche Zellen so ein, dass sich die restliche Tabelle um eine Zelle nach rechts verschiebt.
6. Verbinden Sie die Zellen A7 bis A14 zu einem Zellbereich und schreiben Sie in diesen Zellbereich in Fettschrift den Überbegriff Digitalkameras. Das Wort soll 90 ° gedreht und horizontal wie vertikal zentriert sein. *[Lösungshinweis: Dialogfenster Zellen formatieren/Ausrichtung]*
7. Verbinden und zentrieren Sie die Spaltenüberschrift „Produkt" über den Spalten A und B.
8. Formatieren Sie die Tabellenüberschrift in Arial 12 pt fett und über den Spalten A bis E zentriert mit einem gelben Hintergrund. Alle Spaltenüberschriften sollen in Fettschrift dargestellt werden. Die Zeile 5 soll von der Spalte A bis E doppelt unterstrichen sein. Die Kamera-Bezeichnungen sind fett und kursiv zu formatieren.
9. Erstellen Sie ein Balkendiagramm, in dem die Handelsspannen der verschiedenen Digital-Kameras verglichen werden. Stellen Sie das Diagramm ohne Legende dar und versehen Sie es mit einer aussagefähigen Überschrift.
10. Welche Digitalkameras weichen deutlich von der durchschnittlichen Handelsspanne ab?
11. Richten Sie Ihre Seite so ein, dass die gesamte Situation vollständig auf eine A4-Seite gedruckt werden kann.

9.7 Situation 7: Inventurliste*

Sie werden beauftragt, anhand einer Inventurliste die Anlagegüter Ihres Unternehmens darzustellen.

Arbeitsaufträge

1. Erstellen Sie die abgebildete Tabelle oder laden Sie die Datei „Situation 7".

	A	B	C	D
1	**Situation 7**			
2				
3	Anlagegüter	Anzahl	Einzelpreis in €	Gesamtpreis €
4				
5	Büromöbel			
6	Büroschränke	5	7.034,00 €	
7	Schreibtische	4	2.439,00 €	
8	Bürostühle	5	1.295,00 €	
9	Summe			
10				
11	Büromaschinen			
12	Personalcomputer	6	3.350,00 €	
13	Laserdrucker	2	1.990,00 €	
14	Laptop	6	6.499,00 €	
15	Komfort-Telefon	9	699,00 €	
16	Faxgeräte	2	1.890,00 €	
17	Summe			
18				
19	Fuhrpark			
20	Pkw	4	58.500,00 €	
21	Summe			
22				
23	Summe Anlagegüter			
24				

2. Ermitteln Sie die Gesamtpreise für die einzelnen Anlagegüter. Errechnen Sie darüberhinaus die Zwischensummen für jede Gruppe, d. h. für Büromöbel, Büromaschinen und den Fuhrpark, sowie die Gesamtsumme für alle Anlagegüter.
3. Fügen Sie in die Tabelle für jede Gruppe eine zusätzliche Zeile ein und berechnen Sie die prozentualen Anteile der Gruppensummen (Büromöbel, Büromaschinen und Fuhrpark) am gesamten Anlagevermögen (Prozentformat, zwei Nachkommastellen).
4. Formatieren Sie Spaltenüberschriften, die Überschriften der Gruppen sowie die Summenzeilen und die Zeile mit den prozentualen Anteilen fett. Zentrieren Sie die Spalte B. Die Summenzeilen sowie die Zeilen mit den Prozentanteilen sollen grau hinterlegt werden.
5. Versehen Sie die gesamte Tabelle mit einem Gitternetz.
6. Erstellen Sie ein Diagramm, aus dem die prozentuale Verteilung des Anlagevermögens auf die einzelnen Gruppen ersichtlich wird. Fügen Sie eine Legende unterhalb der Grafik ein und lassen Sie die Prozentwerte im Diagramm anzeigen. Finden Sie eine aussagekräftige Überschrift.
7. Beschreiben Sie kurz die prozentuale Verteilung der Anlagegüter auf die einzelnen Anlagegütergruppen.
8. Richten Sie Ihre Seite so ein, dass die die gesamte Situation vollständig auf eine A4-Seite gedruckt werden kann.

9.8 Situation 8: Absatz- und Umsatzzahlen*

Als Mitarbeiterin bzw. Mitarbeiter des Fast Food Restaurants McDaisy sollen Sie die Absatz- und Umsatzzahlen der drei Burger „Big Deal", „St. Pauli Royal" und „Daisy King" mit Hilfe von Excel auswerten.

Arbeitsaufträge

1. Erstellen Sie die abgebildete Tabelle oder laden Sie die Datei „Situation 8".

	A	B	C	D	E	F	G	H	I
1	**Situation 8**								
2									
3	Absatz- und Umsatzzahlen McDaisy								
4	1. Halbjahr								
5									
6		**Januar**	**Februar**	**März**	**April**	**Mai**	**Juni**	**Absatz**	**Preis**
7	**"Big Deal"**	2.984	2.568	3.169	3.034	3.004	3.052		1,89 €
8	**"St.Pauli Royal"**	1.568	1.005	1.118	1.203	998	1.205		2,49 €
9	**"Daisy King"**	4.782	4.563	4.327	4.598	4.675	4.408		1,49 €
10									
11	**Summe**								

2. Ermitteln Sie in der Spalte Absatz aus den vorliegenden Absatzzahlen die Absatzsummen der einzelnen Burger für das 1. Halbjahr.
3. Ergänzen Sie eine weitere Spalte, in der Sie mit Hilfe einer geeigneten Formel aus den vorliegenden Absatzzahlen und den Preisen die Umsätze der einzelnen Burger im 1. Halbjahr berechnen. Formatieren Sie die Umsatzzahlen im Währungsformat mit €-Symbol und zwei Nachkommastellen.
4. In der Zeile Summe sollen die jeweiligen Zahlenwerte aller Spalten (mit Ausnahme der Preise) aufsummiert werden.
5. Ermitteln Sie mit Hilfe einer geeigneten Formel, welchen prozentualen Anteil die einzelnen Produkte am Gesamtumsatz des 1. Halbjahres haben und platzieren Sie die Werte an eine geeignete Stelle in Ihrer Tabelle. Formatieren Sie die Ergebnisse in Prozent mit zwei Nachkommastellen.
6. Formatieren Sie die Überschrift der Tabelle in der Schrift Arial 14 pt, fett und zentrieren Sie sie über der gesamten Datentabelle.
7. Zentrieren Sie die Spaltenüberschriften und formatieren Sie die Spaltenüberschriften und die Zeilenbezeichnungen fett sowie alle berechneten Zahlen fett und kursiv.
8. Erstellen Sie ein Säulendiagramm, das die Anteile der drei Burger am Gesamtumsatz veranschaulicht. Versehen Sie das Diagramm mit einer geeigneten Überschrift, platzieren Sie die Legende unterhalb der Grafik und lassen Sie die Einzelwerte im Diagramm anzeigen.
9. Erstellen Sie darüberhinaus ein gestapeltes 100 %-Säulendiagramm, das die Anteile der drei Produkte am Gesamtumsatz des 1. Halbjahres in einer Säule darstellt. Versehen Sie das Diagramm mit einer geeigneten Überschrift und einer Legende unterhalb der Darstellung.
10. Erläutern Sie kurz den Zusammenhang zwischen den Verkaufspreisen und den Absatz- bzw. Umsatzanteilen der Burger „St. Pauli Royal" und „Daisy King".
11. Richten Sie Ihre Seite so ein, dass die gesamte Situation vollständig auf eine A4-Seite gedruckt werden kann.

9.9 Situation 9: Überstundenstatistik*

Sie sind Auszubildende(r) der KBS GmbH, die mit Büromöbeln und anderen Bürobedarfsartikeln handelt. Die KBS GmbH möchte die Entwicklung der Überstunden in den verschiedenen Abteilungen Ihres Unternehmens innerhalb eines Jahres mit Hilfe von Excel analysieren.

Arbeitsaufträge

1. Erstellen Sie die nachfolgende Tabelle oder laden Sie die Datei „Situation 9“.

	A	B	C	D	E	F	G
1	**Situation 9**						
2							
3	Übersicht durchschnittliche Überstunden pro Mitarbeiter je Abteilung						
4							
5		Allg. Verwaltung	Einkauf	Personal	Rechnungswesen	Vertrieb	Werbung
6	Januar	4,2	2,1	2,8	9,3	4,1	1,3
7	Februar	4,7	2,9	2,3	8,7	5,4	3,1
8	März	4,0	4,1	2,1	8,8	4,9	1,5
9	April	3,6	2,5	2,4	7,9	2,1	1,0
10	Mai	1,8	2,0	1,7	8,1	2,3	1,6
11	Juni	1,4	1,9	1,1	7,8	1,5	1,4
12	Juli	1,1	1,4	1,3	7,7	3,1	1,7
13	August	0,8	1,1	0,1	7,9	0,7	1,2
14	September	2,1	1,9	1,1	9,1	1,3	3,2
15	Oktober	2,0	2,1	2,0	9,6	3,2	2,2
16	November	1,4	2,8	1,7	10,3	2,2	2,9
17	Dezember	1,3	2,1	0,8	10,6	2,0	2,1
18							

2. Ermitteln Sie mit Hilfe geeigneter Formeln für jeden Monat die durchschnittliche Überstundenzahl aller Mitarbeiter des Unternehmens sowie den Jahresdurchschnitt der Überstunden jeder Abteilung. Benennen Sie die neue Spalte und die neue Zeile sinnvoll.
3. Formatieren Sie die Tabelle wie folgt:
   a.) Die Überschrift soll im Schriftformat Arial 12 pt, fett und unterstrichen sowie über der Tabelle zentriert erscheinen.
   b.) Formatieren Sie die Monate und die Abteilungsbezeichnungen fett. Passen Sie die Spaltenbreite entsprechend an.
   c.) Für den Zellbereich A6 bis A17 soll rechts, für den Zellbereich B5 bis G5 unten eine Linie eingefügt werden.
   d.) Alle berechneten Werte sind fett und kursiv zu formatieren.
4. Erstellen Sie ein Liniendiagramm, das die Überstunden in den einzelnen Abteilungen über die 12 Monate darstellt.
   a.) Das Diagramm soll einen sinnvollen Titel haben, der auch durch die Schriftgröße (Arial 14 pt, fett und unterstrichen) hervorgehoben wird.
   b.) Die Legende soll unterhalb des Diagramms angeordnet werden.
   c.) Für die Y-Achse sind Haupt- und Hilfsgitternetzlinien vorzusehen. Bei der X-Achse soll auf Gitternetzlinien verzichtet werden.
   d.) Das Diagramm soll als neues Blatt angezeigt werden.
5. Der Abteilungsleiter erwägt, einen neuen Teilzeitmitarbeiter einzustellen, um die Überstundenlast etwas zu reduzieren. In welcher Abteilung sollte dieser Mitarbeiter Ihrer Meinung nach eingesetzt werden? Machen Sie zwei weitere Vorschläge, wie Überstunden abgebaut werden können.
6. Drucken Sie die Datentabelle mit Ihrer Stellungnahme und das Diagramm jeweils auf eine A4-Seite.

9.10 Situation 10: Veranstaltungsmanagement*

Sie sind Event-Manager und haben die Aufgabe, den Erfolg unterschiedlicher Konzertveranstaltungen zu vergleichen.

Arbeitsaufträge

1. Erstellen Sie die abgebildete Tabelle oder laden Sie die Datei „Situation 10".

	A	B	C	D	E	F	G
1	**Situation 10**						
2							
3	Veranstaltungen im Konzertsaal						
4							
5			Preis pro	Karten	Verkaufte	Freie	Umsatz
6			Karte in EUR	gesamt	Karten	Plätze	in EUR
7	Montag	Klavierkonzert Nr.5 in Es-Dur	45,00 €	1500	945		
8	Dienstag	Sopranistin Henriette Kelch	35,00 €	1500	654		
9	Mittwoch	A tribute to George Gershwin	40,00 €	2500	2500		
10	Donnerstag	Big Band "Swing time"	45,00 €	2000	1879		
11	Freitag	Musical "Cats"	65,00 €	2500	2176		
12	Samstag	Musical "Cats"	65,00 €	2500	2370		
13	Sonntag	Jazztime	25,00 €	1500	1341		
14							

2. Ergänzen Sie eine Spalte, in der Sie für jeden Wochentag die Anzahl der freien Plätze berechnen.
3. Ermitteln Sie in einer weiteren Spalte für jeden Wochentag den Umsatz aus dem Preis pro Karte und der Anzahl der verkauften Karten.
4. Ergänzen Sie eine Zeile, in der die Summen für *Karten gesamt, Verkaufte Karten, Freie Plätze und Umsatz in EUR* berechnet werden.
5. Formatieren Sie die Überschrift im Schriftformat Arial 12 pt, fett und unterstrichen, die Wochentage und die Summen fett, die Spaltenüberschriften fett und zentriert sowie die Veranstaltungsbezeichnungen kursiv.
6. Versehen Sie die komplette Tabelle mit einem Gitternetz.
7. Formatieren Sie alle Preise im Währungsformat mit €-Symbol und zwei Nachkommastellen. Alle Zahlen sollen mit einem 1000er-Trennzeichen versehen werden.
8. Erstellen Sie ein Kreisdiagramm, in dem das Verhältnis der Gesamtsumme der verkauften Karten zu der Gesamtsumme der freien Plätze dargestellt wird. Versehen Sie das Kreisdiagramm mit einer sinnvollen Überschrift. Die Legende soll rechts platziert und im Kreisdiagramm sollen die Prozentwerte angezeigt werden.
9. Als Event-Manager wissen Sie, dass Veranstaltungen im Konzertsaal erst bei einer Kapazitätsauslastung von 80 % wirtschaftlich rentabel sind. Wie beurteilen Sie unter diesem Aspekt die vorliegenden Zahlen?
10. Richten Sie Ihre Seite so ein, dass die gesamte Situation vollständig auf eine A4-Seite gedruckt werden kann.

Kapitel 9

9.11 Situation 11: Betriebswirtschaftliche Kennzahlen**

Sie sind in der Controlling-Abteilung der KBS GmbH eingesetzt und werden von Ihrem Chef beauftragt, die Entwicklung Ihres Unternehmens mit Hilfe von einigen betriebswirtschaftlichen Kennzahlen auszuwerten.

Arbeitsaufträge

1. Erstellen Sie die nachfolgende Tabelle oder laden Sie die Datei „Situation 11".

	A	B	C
1	**Situation 11**		
2			
3			
4		aktuelles Jahr	Vorjahr
5	Eigenkapital	925000	905000
6	Fremdkapital	1010000	1025000
7	Löhne und Gehälter	219450	218980
8	Mietaufwendungen	21350	25690
9	Fremdkapitalzinsen	32800	34000
10	Gewinn	115239,55	101431,67
11	Umsatz	2982345,65	2899672,34
12			

2. Berechnen Sie unterhalb der Tabelle für das aktuelle Jahr und das Vorjahr mit den jeweils geeigneten Formeln die Eigenkapitalrentabilität, die Eigenkapitalquote und die Umsatzrentabilität.
3. Berechnen Sie in weiteren Zeilen unterhalb der Tabelle jeweils die prozentuale Veränderung der Eigenkapitalrentabilität, der Eigenkapitalquote und der Umsatzrentabilität des aktuellen Jahres im Vergleich zum Vorjahr.
4. Formatieren Sie alle Geldbeträge im Währungsformat mit €-Symbol und zwei Nachkommastellen. Alle berechneten Werte sollen als Prozentzahlen mit zwei Nachkommastellen sowie fett und kursiv dargestellt werden.
5. Alle Zellen der Spalte A sollen fett, die Spaltenüberschriften fett und zentriert formatiert sein.
6. Versehen Sie die Datentabelle (A4 bis C11) mit einem Gitternetz. Der Zellbereich A4 bis C4 und A5 bis A11 soll grau hinterlegt sein.
7. Fügen Sie oberhalb der Tabelle eine Zeile ein, in die Sie eine aussagefähige Überschrift schreiben. Formatieren Sie die Überschrift im Schriftformat Arial 12 pt, fett und unterstrichen und zentrieren Sie die Überschrift über der Datentabelle.
8. Erstellen Sie ein gruppiertes Säulendiagramm, in dem Sie jeweils den aktuellen Wert und den Vorjahreswert der Eigenkapitalrentabilität und der Umsatzrentabilität vergleichen. Versehen Sie das Diagramm mit einer aussagefähigen Überschrift und einer Legende unterhalb des Diagramms.
9. Beurteilen Sie die Entwicklung des Unternehmens anhand der berechneten betriebswirtschaftlichen Kennzahlen.
10. Richten Sie Ihre Seite so ein, dass die gesamte Situation vollständig auf eine A4-Seite gedruckt werden kann.

9.12 Situation 12: Filialabrechnung**

Sie sind Mitarbeiterin bzw. Mitarbeiter in der Zentrale einer Einzelhandelskette und werden von Ihrem Chef beauftragt, mit Hilfe von Excel für das abgelaufene Geschäftsjahr die Umsatzzahlen von verschiedenen Filialen für einen Produktbereich zu analysieren.

Arbeitsaufträge

1. Erstellen Sie die nachfolgende Tabelle oder laden Sie die Datei „Situation 12".

	A	B	C	D	E
1	**Situation 12**				
2					
3	**Filialabrechnung**				
4					
5		1. Quartal	2. Quartal	3. Quartal	4. Quartal
6	Filiale 1	12000	8400	14500	21000
7	Filiale 2	6750	7900	8900	9800
8	Filiale 3	21500	18700	17500	15000
9	Filiale 4	19800	21650	21400	23400
10	Filiale 5	8900	12100	15000	13400
11					

2. Ergänzen Sie die Tabelle um eine Summenzeile und eine Summenspalte, in der Sie die Werte der einzelnen Quartale und der einzelnen Filialen aufsummieren.
3. Fügen Sie zur Tabelle eine weitere Zeile hinzu, in der mit einer geeigneten Formel die absoluten Veränderungen der Quartalssummen im Vergleich zum vorangegangenen Quartal ermittelt werden (ab dem 2. Quartal).
4. In einer weiteren Zeile sind ab dem 2. Quartal die prozentualen Veränderungen der Quartalssummen im Vergleich zum vorherigen Quartal mit einer geeigneten Formel zu berechnen. Formatieren Sie die Ergebnisse im Prozentformat mit zwei Nachkommastellen.
5. Erweitern Sie die Tabelle um drei Zeilen, in denen Sie mit der jeweils geeigneten Funktion für jedes Quartal den Quartalsdurchschnitt, den höchsten Wert des Quartals und den niedrigsten Wert des Quartals berechnen.
6. Formatieren Sie alle vorliegenden Geldbeträge im Währungsformat mit €-Symbol, 1000er-Trennzeichen und zwei Nachkommastellen. Versehen Sie die Datentabelle mit geeigneten Rahmenlinien.
7. Fügen Sie rechts neben den Filialsummen eine Spalte ein, in der Sie mit einer geeigneten Formel den prozentualen Anteil der einzelnen Filialen am Jahresgesamtumsatz berechnen. Die Ergebnisse sind als Prozentzahlen ohne Nachkommastelle darzustellen und sollen mittels einer geeigneten Funktion abgerundet werden.
8. Veranschaulichen Sie die Tabelle, indem Sie die Quartalszahlen aller Filialen (einschließlich der Filialsummen, aber ohne die Quartalssummen) mit einem gestapeltem 3D-Säulendiagramm (100 %) darstellen. Das Diagramm soll mit einer Legende, aber ohne Überschrift unter die Tabelle platziert werden.
9. Wie beurteilen Sie die Umsatzentwicklung der Filiale 3?
10. Richten Sie Ihre Seite so ein, dass die gesamte Situation vollständig auf eine A4-Seite gedruckt werden kann.

9.13 Situation 13: Angebotsvergleich II**

Sie sind Mitarbeiterin bzw. Mitarbeiter in der Einkaufsabteilung des Maschinenbau-Unternehmens PGS GmbH. Zur Herstellung einer Verpackungsmaschine soll ein Elektronikbauteil zugekauft werden. Sie sollen für die folgenden fünf Anbieter mit Hilfe von Excel eine Bezugskalkulation vornehmen, die als wesentliches Entscheidungskriterium für den Angebotsvergleich dienen soll.

Es liegen Ihnen folgende Daten vor:

Meier GmbH:	LP 180,00 €/Stk.; 5 % Rabatt; 2 % Skonto; Anfuhr 0,40 €/Stk.; Verladen 0,75 €/Stk.; Frachtkosten 2,50 €/Stk.
Klein GmbH:	LP 210,00 €/Stk.; 3 % Skonto; Verladen 0,65 €/Stk.; Fracht 2,90 €/Stk.
Mauer OHG:	LP 190,00 €/Stk.; 3 % Rabatt; 3 % Skonto; Anfuhr 0,30 €/Stk.; Verladen 0,45 €/Stk.
Stelz & Co. KG:	LP 200,00 €/Stk.; 10 % Rabatt; 3 % Skonto; Verl. 0,55 €/Stk.; Fracht 1,20 €/Stk.
SCL AG:	LP 220,00 €/Stk.; 4 % Rabatt; 2 % Skonto; Anfuhr 0,27 €/Stk.; Verladen 0,65 €/Stk.; Fracht 1,95 €/Stk.

Arbeitsaufträge

1. Erstellen Sie die nachfolgende Tabelle oder laden Sie die Datei „Situation 13".

	A	B	C	D	E	F
1	**Situation 13**					
2						
3			**Angebotsvergleich**			
4						
5	Angebote	Meier GmbH	Klein GmbH	Mauer OHG	Stelz & Co. KG	SCL AG
6						
7	Listenpreis					
8	Rabatt					
9	- Rabattbetrag					
10						
11	Zieleinkaufspreis					
12	Skonto					
13	- Skontobetrag					
14						
15	Bareinkaufspreis					
16	+ Anfuhr					
17	+ Verladen					
18	+ Fracht					
19						
20	Bezugspreis					
21						
22	Bewertung					
23						

2. Vervollständigen Sie die obige Tabelle mit Hilfe der angegebenen Werte und ermitteln Sie alle noch zu berechnenden Werte mit den geeigneten Formeln.
3. Formatieren Sie das Kalkulationsschema fett und die Spaltenüberschriften fett, kursiv und zentriert. Alle Prozentangaben sollen in Prozent mit zwei Nachkommastellen, alle Geldbeträge im Währungsformat ohne €-Symbol mit zwei Nachkommastellen formatiert werden.
4. In der letzten Zeile soll mit Hilfe einer geeigneten Funktion die Wertung „teuer" angezeigt werden, wenn der Bezugspreis größer oder gleich 200,00 € ist und die Wertung „günstig", wenn der Bezugspreis darunter liegt. Formatieren Sie die Wertung fett und kursiv.
5. Welches Angebot ist das günstigste? Nennen Sie drei weitere Entscheidungskriterien, die Sie neben dem Bezugspreis für einen Angebotsvergleich heranziehen würden.
6. Richten Sie Ihre Seite so ein, dass die gesamte Situation vollständig auf eine A4-Seite gedruckt werden kann.

9.14 Situation 14: ABC-Analyse**

Sie sind Mitarbeiterin bzw. Mitarbeiter in der Abteilung Einkauf der BüKo GmbH tätig. Die BüKo GmbH ist ein Großhändler für Büroartikel mit einer eigenen kleinen Produktion von Büromöbeln. Bei der Vielfalt der Artikel, die eingekauft werden müssen, lohnt es sich, das Hauptaugenmerk auf bestimmte Waren zu richten. Hierbei kann die ABC-Analyse gute Dienste leisten. Die Geschäftsleitung möchte den Verwaltungsaufwand bei der Beschaffung der Fertigteile der Artikelgruppe 7 durch eine ABC-Analyse vermindern und beauftragt Sie, diese mit Hilfe von Excel durchzuführen.

Arbeitsaufträge

1. Erstellen Sie die nachfolgende Tabelle oder laden Sie die Datei „Situation 14".

	A	B	C	D	E	F	G	H
1	**Situation 14**							
2								
3	**ABC-Analyse**							
4								
5								
6	**Art.Nr.**	**EK-Preis**	**Bestellmenge pro Jahr**	**Anzahl der Best. pro Jahr**	**Wert pro Bestellung**	**Wert insges.**	**% vom Gesamtwert**	**Gruppe A/B/C**
7	79012	17,90 €	38.000	16				
8	79013	58,90 €	58.000	8				
9	79014	1,85 €	79.600	24				
10	79015	34,50 €	61.500	12				
11	79016	12,50 €	28.000	14				
12	79017	19,90 €	50.400	6				
13	79018	4,20 €	72.000	24				
14	79019	7,90 €	33.600	12				
15	79020	1,25 €	184.000	24				
16	79021	17,95 €	28.900	16				
17								
18	Summe:							
19								

2. Berechnen Sie den Wert pro Bestellung (Spalte E) und den Wert der beschafften Ware insgesamt (Spalte F) mit den jeweils geeigneten Formeln.
3. Berechnen Sie in der Summenzeile in den Spalten E, F und G die jeweilige Spaltensumme.
4. Berechnen Sie für jeden Artikel den Prozentanteil der einzelnen Artikel vom Gesamtwert aller Bestellungen (Spalte G).
5. Sortieren Sie die Tabelle nach dem Prozentanteil vom Gesamtwert des Einkaufs absteigend.
6. Fügen Sie zwischen Spalte G und H eine weitere Spalte ein, in der Sie die kumulierten %-Werte ermitteln.
7. Kategorisieren Sie die Artikel in A-, B- und C-Güter. A-Güter sollen dadurch definiert sein, dass ihr kumulierter Wertanteil bis zu 80 % des gesamten Einkaufsvolumens ausmacht. C-Güter sind dadurch gekennzeichnet, dass ihr Wertanteil in der Summe weniger als 5 % ausmacht. Setzen Sie dazu die WENN-Funktion ein.
8. Stellen Sie die Ergebnisse der ABC-Analyse mit einem geeigneten Liniendiagramm graphisch sinnvoll dar. Nutzen Sie dazu auch die Möglichkeit, Textfelder in das Diagramm zu integrieren, um die Klassifizierung in A-, B- und C-Güter zu verdeutlichen.
9. In der A-Gruppe werden bisher verhältnismäßig wenige Bestellungen aufgegeben, die aber einen hohen Wert aufweisen. Wie beurteilen Sie dieses Vorgehen? Wie könnte in der Gruppe C die Beschaffung vereinfacht werden? Welche Probleme könnten sich durch die Vereinfachung ergeben?
10. Richten Sie Ihre Seite so ein, dass die gesamte Situation vollständig auf eine A4-Seite gedruckt werden kann.

9.15 Situation 15: Eigenfertigung oder Fremdbezug**

Sie sind Mitarbeiterin bzw. Mitarbeiter in der Abteilung Produktion der Metallbau Brod GmbH tätig, das Fenster, Türen und Wintergärten aus Kunststoff herstellt. Für ein spezielles Kunststoffteil, das in allen Produktsegmenten benötigt wird, ist zu entscheiden, ob dies weiterhin vom Lieferanten bezogen oder alternativ selbst hergestellt werden soll.

Arbeitsaufträge

1. Erstellen Sie die nachfolgende Tabelle oder laden Sie die Datei „Situation 15".

	A	B	C	D
1	**Situation 15**			
2				
3	**Eigenfertigung oder Fremdbezug**			
4				
5	Intervall: 1.000 Stück			
6				
7	***Fremdbezug***		***Eigenfertigung***	
8	Bezugspreis je Stück:	55,50 €	Materialkosten je Stück.:	8,15 €
9			Fertigungskosten je Stück.:	28,55 €
10			Fixkosten:	89.568,00 €
11				

2. Ergänzen Sie die nachfolgende Tabelle und formatieren Sie sie entsprechend der Vorlage.

12					
13	**Menge**	***Fremdbezug***		***Eigenfertigung***	
14		**Gesamt-Kosten**	**Stück-Kosten**	**Gesamt-Kosten**	**Stück-Kosten**
15	**x**	**K_F**	**k_F**	**K_E**	**k_E**
16	1.000	54.900,00 €	54,90 €	115.900,00 €	115,90 €
17	2.000	109.800,00 €	54,90 €	153.300,00 €	76,65 €
18	3.000	164.700,00 €	54,90 €	190.700,00 €	63,57 €
19	4.000	219.600,00 €	54,90 €	228.100,00 €	57,03 €
20	5.000	274.500,00 €	54,90 €	265.500,00 €	53,10 €
21	6.000	329.400,00 €	54,90 €	302.900,00 €	50,48 €
22	7.000	384.300,00 €	54,90 €	340.300,00 €	48,61 €
23	8.000	439.200,00 €	54,90 €	377.700,00 €	47,21 €
24	9.000	494.100,00 €	54,90 €	415.100,00 €	46,12 €
25	10.000	549.000,00 €	54,90 €	452.500,00 €	45,25 €

3. Berechnen Sie mit geeigneten Formeln die Gesamtkosten und Stückkosten für den Fremdbezug und die Eigenfertigung.
4. Stellen Sie die Gesamtkosten für den Fremdbezug und die Eigenfertigung mit Hilfe eines geeigneten Liniendiagramms grafisch dar. Versehen Sie das Diagramm mit einer aussagefähigen Überschrift und platzieren Sie die Legende unterhalb.
5. Angenommen die Metallbau Brod GmbH benötigt eine Menge von 7.000 Stück. Welche Entscheidung würden Sie treffen? Welche Bedeutung hat der Schnittpunkt in dem Liniendiagramm?
6. Richten Sie Ihre Seite so ein, dass die gesamte Situation vollständig auf eine A4-Seite gedruckt werden kann.

9.16 Situation 16: Handelskalkulation**

Sie sind Mitarbeiterin bzw. Mitarbeiter in der Abteilung Vertrieb der BüKo GmbH tätig. Für einen eingekauften Schreibtisch, der als Handelsware weiterverkauft wird, sollen Sie mit Hilfe von Excel mit den unten angegebenen Werten die vollständige Handelskalkulation vom Listeneinkaufspreis bis zum Bruttoverkaufspreis berechnen.

Arbeitsaufträge

1. Erstellen Sie die nachfolgende Tabelle oder laden Sie die Datei „Situation 16".

	A	B	C	D
1	**Situation 16**			
2				
3	**Handelskalkulation**			
4				
5		**Eingabe in %**	**Eingabe in €**	**Betrag in €**
6	**Listeneinkaufspreis**			289,00 €
7	- Liefererrabatt	15%		
8	Zieleinkaufspreis			
9	- Liefererskonto	2%		
10	Bareinkaufspreis			
11	+ Bezugskosten		10,50 €	
12	Bezugs- bzw. Einstandspreis			
13	+ Handlungskosten	18%		
14	Selbstkosten			
15	+ Gewinn	21%		
16	Barverkaufspreis			
17	+ Kundenskonto	2%		
18	+ Vertreterprovision	3%		
19	Zielverkaufspreis			
20	+ Kundenrabatt	10%		
21	Listenverkaufspreis bzw Nettopreis			
22	+ Umsatzsteuer	19%		
23	**Bruttoverkaufspreis**			

2. Vervollständigen Sie das Kalkulationsschema. Die fehlenden Größen sollen von Excel mit den entsprechenden Formeln berechnet werden.
3. Erstellen Sie ein Kreisdiagramm, das die folgenden Anteile des Bruttoverkaufspreises verdeutlicht: Selbstkosten, Gewinn, Skonto für Kunden, Vertreterprovision, Rabatt für Kunden und Umsatzsteuer. Versehen Sie das Diagramm mit einer aussagefähigen Überschrift und platzieren Sie die Legende unterhalb des Diagramms.
4. Was versteht man unter Handlungskosten? Warum muss Kundenskonto und Kundenrabatt in einer Im-Hundert-Rechnung berechnet werden (für den Kundenskonto entspricht der Zielverkaufspreis 100 %, für den Kundenrabatt entspricht der Listenverkaufspreis 100 %)?
5. Richten Sie Ihre Seite so ein, dass die gesamte Situation vollständig auf eine A4-Seite gedruckt werden kann.

9.17 Situation 17: Optimale Bestellmenge**

Sie sind in der Abteilung Einkauf der BüKo GmbH eingesetzt. Sie haben die Aufgabe, zu überprüfen, ob die bisherige monatliche Beschaffung des Artikels 472493 (Recycling Kopierpapier) unter Berücksichtigung der entstehenden Lagerhaltungs- und Bestellkosten sinnvoll ist.

Die BüKo GmbH bezieht diesen Artikel zum Einstandspreis von 6,50 €. Bei Bestellungen ab 5.000 Verpackungseinheiten (VE) reduziert sich der Preis je VE auf 5,95 €, bei Bestellungen ab 10.000 VE auf 4,90 € pro VE. Um diejenigen Faktoren, die unmittelbar Einfluss auf die einzelne Bestellung haben, zu berücksichtigen, hat Ihr Chef aus den vorliegenden Absatzstatistiken die voraussichtliche Jahresbeschaffungsmenge ermittelt und maßgebliche, von Einzelbestellmengen abhängige Kosten kalkuliert (Kosten je Bestellung und den Zinssatz, der für das in den Lagerbeständen gebunden Kapital anzusetzen ist).

Außerdem sind folgende Daten zu berücksichtigen:
Jahresbeschaffungsmenge: 15.000 VE; Kosten je Bestellung: 30,00 €
Lagerhaltungskostensatz: 6,5 % (jährlich vom durchschnittlichen Lagerbestand)

Arbeitsaufträge

1. Erstellen Sie die nachfolgende Tabelle oder laden Sie die Datei „Situation 17".

Situation 17

Optimale Bestellmenge

Bestell-häufigkeit	Bestellmenge (VE)	Durchschnittl. Lagerbestand (in €)	Lagerhaltungs-kosten pro Jahr (in €)	Bestellkosten pro Jahr (in €)	Beschaffungs-kosten pro Jahr (in €)
1					
2					
3					
4					
5					
6					
7					
8					
9					
10					
11					
12					
13					
14					
15					

2. Fügen Sie oberhalb der vorgegebenen Tabelle eine Zusatztabelle ein, aus der die oben angegebenen Werte (Jährl. Beschaffungsmenge, Kosten je Bestellung, Lagerhaltungskostensatz, Einstandspreise) hervorgehen.
3. Vervollständigen Sie das Kalkulationsschema. Die fehlenden Größen sollen von Excel mit den entsprechenden Formeln berechnet werden.

   Lösungshinweise:
   Durchschnittlicher Lagerbestand = (Bestellmenge/2) · Einstandspreis
   Lagerhaltungskosten = durchschn. Lagerbestand · Lagerhaltungskostensatz
   Bestellkosten = Bestellhäufigkeit · Kosten je Bestellung
   Beschaffungskosten = Bestellkosten + Lagerhaltungskosten
4. Beschreiben Sie den Zielkonflikt der optimalen Bestellmenge mit eigenen Worten. Ist die bisherige Praxis, den gesamten Jahresbedarf auf einmal zu bestellen, wirtschaftlich vernünftig? Zu welcher Bestellhäufigkeit würden Sie im vorliegenden Fall raten? Markieren Sie diese in der Tabelle.
5. Richten Sie Ihre Seite so ein, dass die gesamte Situation vollständig auf eine A4-Seite gedruckt werden kann.

Kapitel 9

9.18 Situation 18: Personalleasing**

Sie sind Mitarbeiterin bzw. Mitarbeiter in der Personalabteilung der KBS GmbH. Ihr Unternehmen steht vor der Entscheidung, für eine durch Mutterschutz und Elternzeit ausfallende Mitarbeiterin in der Abteilung Einkauf Ersatz für die voraussichtliche Dauer von 12 Monaten bereit zu stellen. Als Berechnungsgrundlage soll von einer Jahresarbeitszeit von 1.800 Stunden ausgegangen werden. Dazu stehen zwei Alternativen zur Verfügung:

Alternative 1: Einstellung einer befristeten Arbeitskraft für den Zeitraum von 12 Monaten zu folgenden Bedingungen: Bruttogehalt 2.600,00 €; Rentenvers. (18,9 % v.Br.); Arbeitslosenvers. (3,0 % v. Br.); Krankenvers. (15,5 % v.Br.); Pflegevers. (2,05 % v.Br.); Weihnachtsgeld 1.500 € (Einmalzahlung); Kosten der Personalbeschaffung 2.000 € (einmalig) [Sozialversicherungsbeiträge Stand 2013]

Alternative 2: Leasing eines Mitarbeiters bei einem Zeitarbeitsunternehmen: 28,00 € je Einzelstunde

Arbeitsaufträge

1. Erstellen Sie die folgende Tabelle und formatieren Sie sie entsprechend der unten stehenden Vorgabe oder laden Sie die Datei „Situation 18“.

	A	B	C	D	E	F
1	**Situation 18**					
2						
3	**Kostenvergleich: Eigenes Personal oder Zeitpersonal**					
4						
5	**Alternative 1: Befristete Neueinstellung**				**Alternative 2: Personalleasing**	
6						
7		*Beitragssatz*	pro Jahr			
8	Bruttogehalt				Arbeitsstunden pro Jahr:	
9	Weihnachtsgeld				Kosten pro Arbeitsstunde:	
10	Soz.vers.pfl. Gehalt					
11	RV				**Gesamtkosten:**	
12	ALV					
13	KV					
14	PV					
15	Kosten der					
16	Personalbesch.					
17						
18	**Gesamtkosten:**					
19						

2. Vervollständigen Sie die Tabelle gemäß der obigen Angaben mittels geeigneter Formeln.
3. Formatieren Sie alle berechneten Werte als Zahl mit zwei Nachkommastellen und 1000er-Trennzeichen. Zentrieren Sie die Überschrift („Kostenvergleich...“) über den gesamten Datenbereich (Alternative 1 und Alternative 2). Versehen Sie die Datenblöcke zur Alternative 1 und zur Alternative 2 jeweils mit einem eigenen Rahmen.
4. Ergänzen Sie unterhalb der Datentabellen mit Hilfe einer geeigneten Funktion eine Zeile, in der – je nach Gesamtkosten – das Fazit „Die Einstellung einer befristeten Arbeitskraft ist die günstigere Alternative!“ oder „Personalleasing ist die günstigere Alternative!“ erscheint.
5. Erläutern Sie zwei weitere Aspekte, die neben der reinen Kostenbetrachtung bei der Entscheidung für oder gegen Personalleasing zu berücksichtigen sind.
6. Richten Sie Ihre Seite so ein, dass die gesamte Situation vollständig auf eine A4-Seite gedruckt werden kann.

9.19 Situation 19: Abschreibungen**

Sie sind in der Abteilung Rechnungswesen eingesetzt und werden gebeten, die Abschreibung nach Leistungseinheiten, die lineare und die degressive Abschreibungsmethode am Beispiel einer Maschine zu vergleichen.

Die Anschaffungskosten der Maschine betragen 446.000,00 €. Der Abschreibungszeitraum umfasst 8 Jahre, der Abschreibungssatz für die degressive Abschreibung beträgt 30 % vom Restbuchwert.

Arbeitsaufträge

1. Erstellen Sie die folgende Tabelle und formatieren Sie sie entsprechend der unten stehenden Vorgabe oder laden Sie die Datei „Situation 19".

Situation 19

Vergleich der Abschreibungsmethoden

a) Abschreibung nach Leistungseinheiten (Maschinenlaufstunden)

Jahr	Anfangswert	Abschreibungsbetrag	kumulierte Abschreibungen	Restwert
1	446.000,00 €			
2				
3				
4				
5				
6				
7				
8				

b) Lineare Methode

Jahr	Anfangswert	Abschreibungsbetrag	kumulierte Abschreibungen	Restwert
1	446.000,00 €			
2				
3				
4				
5				
6				
7				
8				

c) Geometrisch-degressive Methode

Jahr	Anfangswert	Abschreibungsbetrag	kumulierte Abschreibungen	Restwert
1	446.000,00 €			
2				
3				
4				
5				
6				
7				
8				

2. Berechnen Sie alle fehlenden Werte entsprechend der obigen Angaben mit Hilfe von geeigneten Formeln. Für die Leistungsabschreibung gehen Sie von den in der folgenden Tabelle aufgeführten Maschinenlaufzeiten aus.

Jahr	1	2	3	4	5	6	7	8	Summe
Betriebs-stunden	4.698 h	4.636 h	2.724 h	2.927 h	2.357 h	3.173 h	2.179 h	2.322 h	25.016 h

3. Berechnen Sie die Anfangswerte, die Abschreibungsbeträge, die kumulierten Abschreibungsbeträge sowie die Restwerte für alle drei Abschreibungsmethoden mit geeigneten, kopierfähigen Formeln.
4. Formatieren Sie alle Zahlen im Buchhaltungsformat mit €-Symbol und zwei Nachkommastellen.
5. Erstellen Sie ein Liniendiagramm mit Datenpunkten, in dem die Abschreibung nach Leistungseinheiten, die lineare und die degressive Abschreibung im Vergleich dargestellt werden.
6. Geben Sie dem Diagramm eine aussagefähige Überschrift.
7. Die Legende soll unterhalb des Diagramms erscheinen.
8. Formatieren Sie die Achsenbeschriftung der Y-Achse sowie die Legende in Arial 10 pt.
9. Skalieren Sie die Werte der Y-Achse mit einem Intervall von 10.000 bis 150.000. Formatieren Sie die Werte im Währungsformat mit €-Symbol und zwei Nachkommastellen.
10. Öffnen Sie ein Textfeld und beschreiben Sie den Verlauf der Leistungsabschreibung sowie der linearen und der degressiven Abschreibungsbeträge. Nennen Sie jeweils einen Vorteil der leistungsbezogenen, der degressiven und der linearen Abschreibung.
11. Richten Sie Ihre Seiten so ein, dass die gesamte Situation vollständig auf zwei A4-Seiten gedruckt werden kann.

9.20 Situation 20: Gewinnverteilung KG***

Die MuMa & Partner KG wurde von insgesamt vier Gesellschaftern gegründet. Die Komplementäre Mummert und Maier haben jeweils 30.000 € bzw. 20.000 € ins Unternehmen eingebracht. Die Einlagen der Kommanditisten Schmelzer und Zach betrugen 15.000 € bzw. 10.000 €. Die Gewinnverteilung wurde im Gesellschaftsvertrag folgendermaßen festgelegt: Jeder Gesellschafter erhält zunächst eine Verzinsung seiner Kapitaleinlage in Höhe von 4 %. Der Restgewinn wird zwischen Mummert, Maier, Schmelzer und Zach im Verhältnis 4:4:2:1 verteilt. Der Gesamtgewinn betrug im vergangenen Geschäftsjahr 75.000 €.

Arbeitsaufträge

1. Erstellen Sie die folgende Tabelle und formatieren Sie sie entsprechend der unten stehenden Vorgabe oder laden Sie die Datei „Situation 20".

	A	B	C	D	E	F	G
1	**Situation 20**						
2							
3	**Gewinnverteilung bei der MuMa & Partner KG**						
4							
5							
6	**Gewinn:**		**Kapitalverzinsung:**				
7							
8	**Gesellschafter**		**Kapital**	**Verzinsung**	**Verteilung**	**Restgewinn**	**Gesamtgewinn**
9					**Restgewinn**		
10	**Komplementär Mummert**		**30000**		**4**		
11	**Komplementär Maier**		**20000**		**4**		
12	**Kommanditist Schmelzer**		**15000**		**2**		
13	**Kommanditist Zach**		**10000**		**1**		

2. Geben Sie in die Zellen B6 und E6 die oben genannten Werte ein.
3. Berechnen Sie die Verzinsung, den Restgewinn und den Gesamtgewinn. Achten Sie darauf, dass die Formeln einen veränderten Gewinn (Zelle B6) sowie eine veränderte Kapitalverzinsung (Zelle E6) automatisch berücksichtigen.
4. Ergänzen Sie eine Summenzeile, in der das Kapital, die Verzinsung, der Restgewinn und der Gesamtgewinn aufsummiert wird.
5. Formatieren Sie alle Zahlen (außer den Verteilungsschlüssel) mit 1000er-Trennzeichen und zwei Nachkommastellen. Die Kapitalverzinsung in Zelle E6 soll als Prozentzahl mit einer Nachkommastelle dargestellt werden.
6. Hinterlegen Sie alle Zellen, in denen Berechnungen durchgeführt werden, mit einem Muster (6,25 % grau).
7. Erstellen Sie ein Kreisdiagramm, das die Anteile der einzelnen Gesellschafter am Gesamtgewinn verdeutlicht. In dem Diagramm sollen die Prozentanteile angezeigt werden. Versehen Sie das Diagramm mit einer aussagefähigen Überschrift und platzieren Sie die Legende rechts neben der Grafik. Formatieren Sie die Legende im Schriftformat Arial 8 pt.
8. Erläutern Sie kurz anhand von zwei Merkmalen, worin sich die Rolle des Komplementärs der KG von der des Kommanditisten unterscheidet. Halten Sie es vor diesem Hintergrund für gerechtfertigt, wie der Restgewinn in der MuMa & Partner KG verteilt wird?
9. Richten Sie Ihre Seite so ein, dass die gesamte Situation vollständig auf eine A4-Seite gedruckt werden kann.

9.21 Situation 21: Provisionsberechnung***

Als Mitarbeiterin bzw. Mitarbeiter der Zentrale haben Sie die Aufgabe mit Hilfe einer Provisionstabelle die Provisionen für verschiedene Außenstellen zu berechnen.

Arbeitsaufträge

1. Erstellen Sie die folgende Tabelle oder laden Sie die Datei „Situation 21".

	A	B	C	D	E	F	G
1	**Situation 21**						
2							
3	**Provisionsberechnung**						
4							
5	Außenstelle	Umsatz	Provisionssatz	Provision		Provisionstabelle	
6	München	11500000,00				Umsatz	Provisionssatz
7	Augsburg	3600000,00				0,00	0%
8	Nürnberg	3000000,00				1000000,00	2%
9	Frankfurt	2750000,00				2000000,00	4%
10	Leipzig	9000000,00				3000000,00	6%
11	Dresden	4200000,00				4000000,00	8%
12	Berlin	9200000,00				5000000,00	10%
13	Düsseldorf	1200000,00				6000000,00	12%
14	Köln	2400000,00				7000000,00	14%
15	Hamburg	7800000,00				8000000,00	16%
16	Bremen	920000,00				9000000,00	18%
17	Rostock	440000,00				10000000,00	20%
18							

2. Ermitteln Sie den Provisionssatz in Spalte C mit Hilfe einer geeigneten Funktion. Formatieren Sie die Ergebnisse im Prozentformat ohne Nachkommastellen.
6. Berechnen Sie die Provisionen in Spalte C mittels der geeigneten Formeln.
7. Formatieren Sie alle Geldbeträge im Zahlenformat mit 1000er-Trennzeichen und zwei Nachkommastellen ohne €-Symbol.
8. Ergänzen Sie eine Zeile, in der Sie die Umsätze und die Provisionen aufsummieren.
9. Formatieren Sie die Außenstellen (Spalte A) und alle Spaltenüberschriften fett. Zentrieren Sie die Spaltenüberschriften und hinterlegen Sie sie mit einem grauen Hintergrund.
10. Versehen Sie die Tabelle mit den Provisionsberechnungen sowie die Provisionstabelle jeweils mit einem Gitternetz.
11. Sortieren Sie die Tabelle mit den Provisionsberechnungen absteigend nach der Höhe der Provisionen.
12. Erstellen Sie ein Säulendiagramm, in dem die Provisionen der einzelnen Außenstellen verglichen werden. Versehen Sie das Diagramm mit einer aussagefähigen Überschrift, so dass Sie auf eine Legende verzichten können. Skalieren Sie die Y-Achse mit dem Hauptintervall von 250.000.
13. Wie erklären Sie sich die extremen Unterschiede bei den Provisionszahlungen?
14. Richten Sie Ihre Seite so ein, dass die gesamte Situation vollständig auf eine A4-Seite gedruckt werden kann.

9.22 Situation 22: Break-even-Analyse***

Sie sind Mitarbeiterin bzw. Mitarbeiter der Metallbau Brod GmbH und werden von Ihrem Abteilungsleiter aufgefordert eine Break-even-Analyse durchzuführen.

Arbeitsaufträge

1. Erstellen Sie die nachfolgende Tabelle oder laden Sie die Datei „Situation 22".

	A	B	C	D	E	F
1	**Situation 22**					
2						
3	Break-even-Analyse					
4						
5	Produktionsmenge Januar:		6.200	Gesamtkosten Januar:		386.000,00 €
6	Produktionsmenge Februar:		3.700	Gesamtkosten Februar:		306.000,00 €
7	Variable Stückkosten		32,00 €	Fixe Kosten		159.800,00 €
8	Verkaufserlös je Stück		58,85 €	Intervall	1.000	Stück
9						
10	Menge	Fixe Kosten	Var. Kosten	Ges. Kosten	Erlöse	Gew./Verl.
11	X	Kf	Kv	K	E	G
12	0					
13						

2. Formatieren Sie die Überschrift im Schriftformat Arial 12 pt, fett, unterstrichen und zentrieren Sie die Überschrift über der Tabelle.
3. Vervollständigen Sie die Tabelle, indem Sie für die Mengen 0 bis 10.000 Stück (1000er Intervall) die Fixkosten übertragen und mit der jeweils geeigneten Formel die variablen Kosten, die Gesamtkosten, die Erlöse (Umsatz) sowie den Gewinn bzw. Verlust berechnen.
4. Formatieren Sie alle Zahlen der Datentabelle als Zahl mit 1000er-Trennzeichen und alle Geldbeträge als Währung mit 1000er-Trennzeichen, €-Symbol und zwei Nachkommastellen.
5. Versehen Sie die Spaltenüberschriften (A10 bis F11) mit einem grauen Hintergrund. Formatieren Sie sie fett und zentriert.
6. Umrahmen Sie die gesamte Datentabelle und die einzelnen Spalten. Unterstreichen Sie die Spaltenüberschriften (Linie von A11 bis F11).
7. Berechnen Sie in einer neuen Zeile unterhalb der Datentabelle mit der geeigneten Formel den exakten Break-even-Point. Benennen Sie die Zeile und formatieren Sie die Benennung und das errechnete Ergebnis fett und kursiv.
8. Erstellen Sie ein Liniendiagramm, in dem die Erlöse und die Gesamtkosten in Abhängigkeit von der Produktionsmenge dargestellt werden. Die Legende soll unterhalb des Diagramms platziert werden. Versehen Sie das Diagramm mit einer aussagefähigen Überschrift.
9. Die Produktionsplanung der Metallbau Brod GmbH sieht für den Monat März eine Produktionsmenge von 4.200 und für den Monat April eine Produktionsmenge von 4.500 Stück vor. Wie beurteilen Sie die Auftragslage des Unternehmens? Wo befindet sich im erstellten Diagramm der Break-even-Point?
10. Richten Sie Ihre Seite so ein, dass die gesamte Situation vollständig auf eine A4-Seite gedruckt werden kann.

9.23 Situation 23: Zahlungseingangskontrolle***

Sie sind Mitarbeiterin bzw. Mitarbeiter in der Abteilung Rechnungswesen der KBS GmbH und für die Überwachung der Zahlungseingänge verantwortlich, die Sie mit Hilfe von Excel optimieren sollen.

Arbeitsaufträge

1. Erstellen Sie die folgende Tabelle und formatieren Sie sie entsprechend der unten stehenden Abbildung oder laden Sie die Datei „Situation 23".

	A	B	C	D	E	F	G	H
1	**Situation 23**							
2								
3	**Zahlungseingangskontrolle**							
4								
5	Rechnungs-nummer	Kunden-nummer	Betrag	Fälligkeits-datum	Überprüfungs-datum	Mahnstufe	Verzugs-zinsen	Gesamt-betrag
6	62807	24009	3.469,90 €	24.10.2015	31.01.2016			
7	62834	24002	1.407,13 €	13.11.2015	31.01.2016			
8	62945	24003	2.698,48 €	14.12.2015	31.01.2016			
9	62948	24008	8.745,43 €	13.01.2016	31.01.2016			
10	62951	24004	7.834,34 €	23.01.2016	31.01.2016			
11								
12								
13	Verzugszinsen-Staffelung							
14	Mahnstufe	Zinssatz (%)						
15	1. Mahnung	3						
16	2. Mahnung	5						
17	3. Mahnung	7						

2. In der Spalte F soll Excel nun mit Hilfe einer geeigneten Funktion die entsprechende Mahnstufe identifizieren. Wenn das Fälligkeitsdatum seit mindestens 12 Tagen überschritten ist, wird die 1. Mahnung geschrieben. Die Mahnstufe lautet also „1. Mahnung". Nach 30 Tagen erfolgt die 2. Mahnung (Mahnstufe: „2. Mahnung"). Bei einem Überschreiten des Fälligkeitsdatums von mindestens 50 Tagen erfolgt die letzte Mahnung. Die entsprechende Mahnstufe lautet „3. Mahnung". Falls noch keine Mahnung verschickt wurde, soll die Meldung „keine" erscheinen. *[Lösungshinweis: Anzahl der Tage = Überprüfungsdatum – Fälligkeitsdatum]*
3. In der Spalte G sollen mit Hilfe einer geeigneten Funktion für alle offenen Beträge entsprechend der Verzugszinsen-Staffelung (Zellbereich A13:B17) die am Überprüfungstag aufgelaufenen Verzugszinsen berechnet werden.
4. In der Spalte H ist der am Überprüfungstag offene Betrag (Rechnungsbetrag + Verzugszinsen) zu berechnen.
5. Alle berechneten Werte sollen im Buchhaltungsformat mit €-Symbol und zwei Nachkommastellen formatiert sein.
6. Angenommen die säumigen Schuldner machen auch nach der dritten und letzten Mahnung keinerlei Anstalten, die offene Rechnung zu bezahlen. Welche Möglichkeiten bleiben der KBS GmbH um an ihr Geld zu kommen? Welche Maßnahmen sollten bereits im Vorfeld ergriffen werden, um sich vor zahlungsunwilligen Kunden zu schützen?
7. Richten Sie Ihre Seite so ein, dass die gesamte Situation vollständig auf eine A4-Seite gedruckt werden kann.

9.24 Situation 24: Outsourcing***

Sie sind Mitarbeiterin bzw. Mitarbeiter des Versandhauses OTTI. Die Pakete Ihres Unternehmens werden von vier Vertriebszentren verschickt: Augsburg, Bonn, Bremen und Halle. Die OTTI KG erwägt, die Zustellung der Waren an die Kunden, die bisher mit eigenem LKW bewerkstelligt wurde, an private Paketdienste zu übertragen. Das Outsourcing soll jedoch nur dann durchgeführt werden, wenn die Kostenersparnis mindestens 10 % beträgt.

Arbeitsaufträge

1. Erstellen Sie die folgende Tabelle und formatieren Sie sie entsprechend der unten stehenden Abbildung oder laden Sie die Datei „Situation 24“.

Situation 24

Jährliche Kostenersparnis durch Outsourcing

Vertriebs-zentren	Anzahl der Pakete	Kosten des eigenen Zustelldienstes	Paketdienst A	Paketdienst B	Paketdienst C	günstigste Versandkosten	preisgünstigste Lösung
Augsburg	1.556.465	6.537.153,00 €					
Bonn	2.435.234	10.471.506,20 €					
Bremen	1.342.298	5.234.962,20 €					
Halle	1.985.463	6.353.481,60 €					
Summe					Summe		
					Einsparung in €		
					Einsparung in %		

Angebote der Paketdienste für die einzelnen Vertriebsgebiete

Vertriebs-zentren	Kosten je Paket		
	Paketdienst A	Paketdienst B	Paketdienst C
Augsburg	3,60 €	3,75 €	3,80 €
Bonn	3,30 €	2,95 €	2,90 €
Bremen	3,50 €	3,35 €	3,50 €
Halle	2,85 €	3,00 €	2,90 €

2. Berechnen Sie die Gesamtzahl der Pakete sowie die Gesamtkosten für den eigenen Zustelldienst.
3. Ermitteln Sie in den Spalten D, E und F *mit Hilfe der SVERWEIS-Funktion* (→ Zusatztabelle über die Kosten je Paket) die Kosten der Paketdienste für die einzelnen Vertriebszentren.
4. In der Spalte G soll durch den Einsatz einer geeigneten Funktion der günstigste Betrag aller möglichen Varianten erscheinen.
5. Berechnen Sie die Summe der günstigsten Versandkosten. Vergleichen Sie diesen Betrag mit den Gesamtkosten des eigenen Zustelldienstes, indem Sie die Einsparungen in € (Zelle G11) und die Einsparungen in % (Zelle G12) angeben.
6. In der Spalte H soll mit Hilfe der WENN-Funktion die preisgünstigste Variante benannt werden, d. h. „Paketdienst A“, „Paketdienst B“, „Paketdienst C“ oder „eigener Zustelldienst“.
7. Formatieren Sie alle berechneten Werte im Währungsformat mit €-Zeichen und zwei Nachkommastellen und die Einsparung in % als Prozentzahl mit einer Nachkommastelle.
8. Nennen Sie – neben den Kosten – zwei weitere Aspekte, die bei einer Entscheidung für oder gegen Outsourcing zu berücksichtigen sind.
9. Richten Sie Ihre Seite so ein, dass die gesamte Situation vollständig auf eine A4-Seite gedruckt werden kann.

9.25 Situation 25: Fehlzeitenstatistik***

Der Geschäftsführer in Ihrem Unternehmen beschwert sich darüber, dass im letzten Jahr die Zahl der Fehltage deutlich zugenommen hat. Als Hauptursache sieht er die hohen Fehlzeiten der Mitarbeiter in der Produktion. Sie werden als Mitarbeiterin bzw. Mitarbeiter der Personalabteilung gebeten, eine detaillierte, nach Abteilungen gegliederte Analyse der Fehlzeiten des letzten Jahres durchzuführen.

Arbeitsaufträge

1. Erstellen Sie die folgende Tabelle und formatieren Sie sie entsprechend der unten stehenden Abbildung oder laden Sie die Datei „Situation 25".

	A	B	C	D	E	F	G
1	**Situation 25**						
2							
3	**Fehlzeitenstatistik**						
4							
5							
6	**Abteilung**	**Belegschaft**	**Anteil an der Gesamtbelegschaft**	**ø Fehltage pro Monat**	**ø monatl. Fehltage je Mitarbeiter**	**ø jährliche Fehltage je Mitarbeiter**	**Wertung**
7	Einkauf	13		9,4			
8	Allg. Verwaltung	5		3,5			
9	Verkauf	19		12,1			
10	Versand	4		8,6			
11	Lager	5		7,5			
12	Arbeitsvorbereitung	8		5,4			
13	Produktion	48		43,7			
14	**Gesamt**						
15							

2. Berechnen Sie in der Zelle B14 die Mitarbeiterzahl insgesamt und mit Hilfe einer geeigneten Formel für jede Abteilung den Anteil der Mitarbeiterzahl an der Gesamtbelegschaft. Formatieren Sie die Anteile in Prozent mit einer Nachkommastelle.
3. Berechnen Sie die durchschnittlichen monatlichen Fehltage je Mitarbeiter sowie die durchschnittlichen jährlichen Fehltage je Mitarbeiter mit Hilfe der jeweils geeigneten Formel. Formatieren Sie die Ergebnisse als Zahl mit einer Nachkommastelle.
4. In der Spalte G soll mit Hilfe der *SVERWEIS-Funktion* eine Wertung der Fehlzeiten vorgenommen werden. Erstellen Sie dazu eine Zusatztabelle, aus der folgende Wertungen hervorgehen: Wenn die durchschnittlichen jährlichen Fehltage < 7 sind, soll die Wertung „niedrig" erfolgen. Liegt diese Zahl bei 7 oder 8, erfolgt die Wertung „normal". Ist die Zahl größer oder gleich 9, aber kleiner 11, soll „erhöht" gemeldet werden. Ab dem Wert 11 soll die Wertung „deutlich erhöht!!!" erscheinen. Die Wertungen sollen jeweils in Fettschrift formatiert sein.
5. Vervollständigen Sie die Zeile **Gesamt** durch die entsprechenden Formeln.
6. Erstellen Sie ein Säulendiagramm, in dem der Vergleich der durchschnittlichen jährlichen Fehltage je Mitarbeiter in den einzelnen Abteilungen und im Gesamtdurchschnitt veranschaulicht wird. Versehen Sie das Diagramm mit einer aussagefähigen Überschrift und einer Legende.
7. Hatte der Geschäftsführer mit seiner Einschätzung Recht? Welche Schlussfolgerungen ziehen Sie aus den Ergebnissen Ihrer Auswertungen? Nennen Sie zwei mögliche Ursachen für erhöhte Fehlzeiten.
8. Richten Sie Ihre Seite so ein, dass die gesamte Situation vollständig auf eine A4-Seite gedruckt werden kann.

10. Lösungen der Prüfungsübungen

10.1 Lösungen der Situation 1: Umsatzstatistik*

Lösungsdatei: **Situation 1 (Lösung)**
Kennwort: **RD19ZT35** (Schreibgeschützt öffnen!)
Lösungsansicht:

Schwierigkeitsgrade:
* niedrig ** mittel *** hoch

Situation 1

Umsatzstatistik

	1. Jahr	2. Jahr	3. Jahr	4. Jahr	5. Jahr	6. Jahr	Summe
Ammer, Anton	1.734.245,00 €	1.779.980,00 €	1.980.502,00 €	1.923.211,00 €	1.905.015,00 €	1.812.435,00 €	11.135.388,00 €
Eder, Hans	1.940.210,00 €	2.000.234,00 €	2.060.318,00 €	2.020.254,00 €	2.124.032,00 €	2.187.110,00 €	12.332.158,00 €
Seidel, Georg	1.908.760,00 €	1.998.956,00 €	2.004.211,00 €	2.143.026,00 €	2.101.065,00 €	2.298.767,00 €	12.454.785,00 €
Wischer, Ottfried	1.656.120,00 €	1.729.043,00 €	1.967.987,00 €	2.150.947,00 €	2.350.998,00 €	2.611.366,00 €	12.466.461,00 €
Zirner, Josef	1.850.670,00 €	1.829.560,00 €	1.799.566,00 €	1.731.724,00 €	1.680.129,00 €	1.540.120,00 €	10.431.769,00 €
Summe	9.090.005,00 €	9.337.773,00 €	9.812.584,00 €	9.969.162,00 €	10.161.239,00 €	10.449.798,00 €	58.820.561,00 €

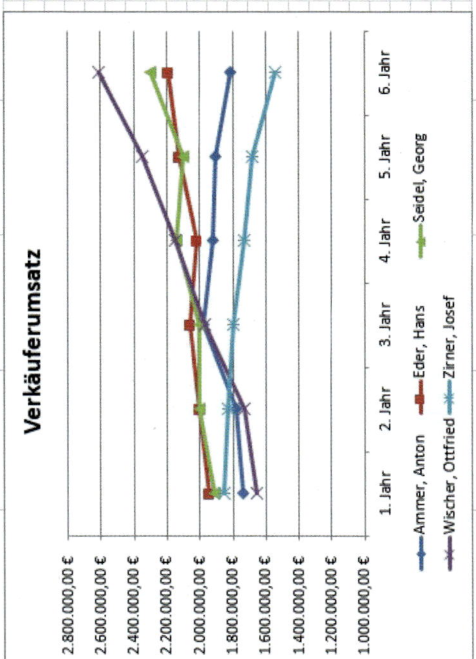

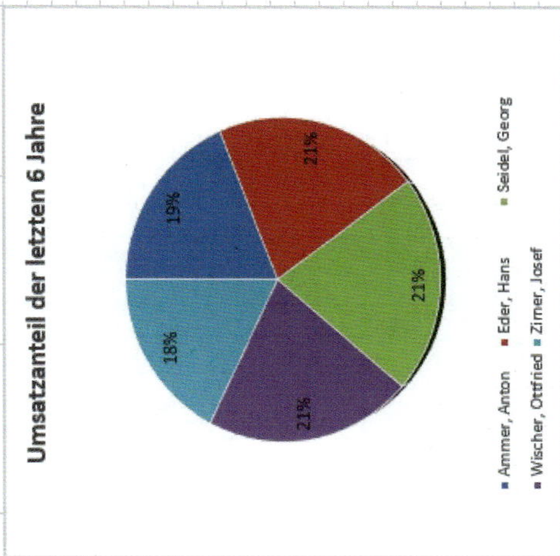

Die beste Entwicklung hat der Verkaufer Ottfried Wischer gemacht. Er konnte seinen Umsatz in den letzten sechs Jahren kontinuierlich steigern und hat seit dem 4. Jahr den höchsten Verkäuferumsatz.

Positiv, wenn auch nicht so geradlinig haben sich auch die Verkäufer Hans Eder und Georg Seidel entwickelt.

Einen negativen Verlauf zeigt dagegen Anton Ammer. Zwar konnte er seine Umsätze bis zum 3. Jahr noch steigern, seitdem sind seine Verkaufszahlen aber Jahr für Jahr rückläufig.

Die schlechtesten Zahlen kann eindeutig Josef Zirner vorweisen. Seit dem 1. Jahr verkauft er Jahr für Jahr weniger.

Betrachtet man den Gesamtumsatz der letzten sechs Jahre, liegen die Verkäufer sehr eng beieinander.

10.2 Lösung der Situation 2: Angebotsvergleich I*

Lösungsdatei: **Situation 2 (Lösung)**
Kennwort: **GF68ZB13** (Schreibgeschützt öffnen!)
Lösungsansicht:

	A	B	C	D	E
1	**Situation 2**				
2					
3	**Angebotsvergleich**				
4					
5	Geplante Bestellmenge:	30			
6					
7		**Angebot Schmidt GmbH**		**Angebot Bauer OHG**	
8	Stückpreis		350,00 €		360,00 €
9	Rabatt bei Abnahme von mind.	20 Stück	12,5%	25 Stück	15,0%
10	Skonto bei Zahlung innerhalb von	8 Tagen	2,5%	8 Tagen	3%
11	Bezugskosten je Stück		2,25 €		1,85 €
12	zusätzliche Lieferkosten	bis 40 Stück	55,50 €	bis 35 Stück	47,50 €
13					
14					
15	Bezugskalkulation	**Angebot Schmidt GmbH**		**Angebot Bauer OHG**	
16		**in %**	**in EUR**	**in %**	**in EUR**
17	Listeneinkaufspreis (LEP)		10.500,00 €		10.800,00 €
18	- Rabatt	12,5%	1.312,50 €	15,0%	1.620,00 €
19	= Zieleinkaufspreis (ZEP)		9.187,50 €		9.180,00 €
20	- Skonto	2,5%	229,69 €	3,0%	275,40 €
21	= Bareinkaufspreis		8.957,81 €		8.904,60 €
22	+ Bezugskosten		123,00 €		103,00 €
23	= Bezugspreis (Einstandspreis)		9.080,81 €		9.007,60 €
24					

Das Angebot der Bauer OHG ist etwas günstiger. Würde der Rabatt der Bauer OHG auf 14 % sinken, wäre das Angebot der Schmidt GmbH günstiger.

Generell spielen qualitative Kriterien beim Angebotsvergleich eine große Rolle. Wenn die Differenz zwischen den Bezugspreisen so gering ist wie hier, gilt dies in besonderem Maße. Zu den qualitativen Kriterien gehören z. B. die Zuverlässigkeit des Lieferanten, Termintreue, Service/Kundendienst, Standortnähe, Umweltfreundlichkeit der Materialien und nicht zuletzt die Qualität der angebotenen Güter.

10.3 Lösung der Situation 3: Kostenübersicht*

Lösungsdatei: **Situation 3 (Lösung)**
Kennwort: **LP37VM13** (Schreibgeschützt öffnen!)
Lösungsansicht:

Situation 3

Kostenübersicht

	1. Jahr	2. Jahr	3. Jahr	4. Jahr	5. Jahr	Summe	Durchschnitt	Maximum	Minimum
Materialverbrauch	620.345	685.051	652.340	622.300	587.985	3.168.021	633.604	685.051	587.985
Kommunikationsaufwand	390.232	429.998	457.623	510.041	545.201	2.333.095	466.619	545.201	390.232
Energieaufwand	219.892	245.630	209.855	199.765	200.114	1.075.256	215.051	245.630	199.765
Abschreibungen	530.250	530.250	530.250	410.000	410.000	2.410.750	482.150	530.250	410.000
Gehälter / Sozialaufwand	911.340	981.430	1.015.421	1.040.120	1.070.645	5.018.956	1.003.791	1.070.645	911.340
Mieten	60.000	60.000	60.000	75.500	75.500	331.000	66.200	75.500	60.000
Sonstige Kosten	3.412	4.112	3.421	5.231	1.987	18.163	3.633	5.231	1.987
Jahressumme	2.735.471	2.936.471	2.928.910	2.862.957	2.891.432	14.355.241	2.871.048	2.936.471	2.735.471
Anteil Kommunikationsaufwand	14,27%	14,64%	15,62%	17,82%	18,86%				
Anteil Materialaufwand	22,68%	23,33%	22,27%	21,74%	20,34%				

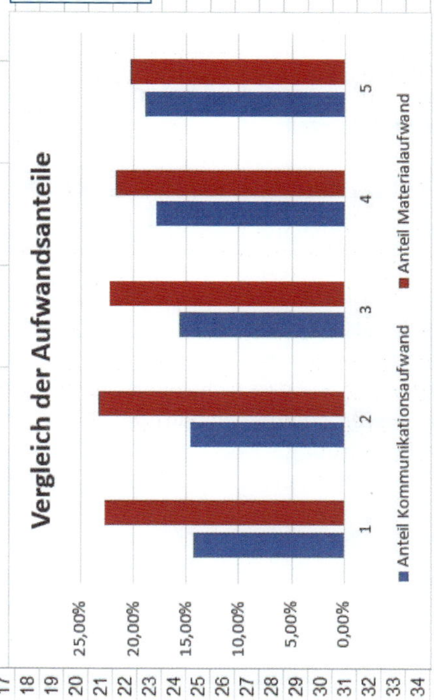

Während der Anteil des Kommunikationsaufwandes am Gesamtaufwand Jahr für Jahr kontinuierlich gestiegen ist, ist der Materialaufwand mit Ausnahme vom 2. Jahr kontinuierlich gesunken

10.4 Lösung der Situation 4: Private Finanzübersicht*

Lösungsdatei: **Situation 4 (Lösung)**
Kennwort: **QS98TN82** (Schreibgeschützt öffnen!)
Lösungsansicht:

	A	B	C	D	E	F
1	**Situation 4**					
2						
3	**Private Finanzübersicht Susanne Müller**					
4						
5		**Januar**	**Februar**	**März**	**Durchschnitt**	**pro Jahr (Prognose)**
6						
7	***Nettogehalt***	1.330,00 €	1.330,00 €	1.330,00 €	1.330,00 €	15.960,00 €
8	***sonst. Einkünfte***	200,00 €	100,00 €	150,00 €	150,00 €	1.800,00 €
9						
10	***Einnahmen***	1.530,00 €	1.430,00 €	1.480,00 €	1.480,00 €	17.760,00 €
11						
12	***Fixe Kosten:***					
13	***Miete (Kaltmiete)***	360,00 €	360,00 €	360,00 €	360,00 €	4.320,00 €
14	***Miete (Nebenkosten)***	100,00 €	100,00 €	100,00 €	100,00 €	1.200,00 €
15	***Strom***	50,00 €	50,00 €	50,00 €	50,00 €	600,00 €
16	***PKW (Vers. + Steuer)***	60,00 €	60,00 €	60,00 €	60,00 €	720,00 €
17	***Lebensversicherung***	100,00 €	100,00 €	100,00 €	100,00 €	1.200,00 €
18						
19	***Variable Kosten:***					
20	***Telekom, inkl. Internet***	76,50 €	56,80 €	89,90 €	74,40 €	892,80 €
21	***Handy***	46,20 €	87,80 €	59,92 €	64,64 €	775,68 €
22	***Treibstoff***	135,00 €	155,00 €	145,00 €	145,00 €	1.740,00 €
23	***Lebensmittel***	350,00 €	305,00 €	330,00 €	328,33 €	3.940,00 €
24	***Kleidung***	200,00 €	95,00 €	260,00 €	185,00 €	2.220,00 €
25	***Wochenende, Freizeit***	300,00 €	320,00 €	240,00 €	286,67 €	3.440,00 €
26						
27	***Ausgaben***	1.777,70 €	1.689,60 €	1.794,82 €	1.754,04 €	21.048,48 €
28						
29	***Saldo***	-247,70 €	-259,60 €	-314,82 €	-274,04 €	-3.288,48 €
30						

Die Finanzsituation von Susanne Müller ist dramatisch und wird zwangsläufig in die Verschuldung führen, da sie Monat für Monat deutlich mehr Geld ausgibt als sie einnimmt. Eine Kündigung der Lebensversicherung ist nicht zu empfehlen, da dies nur mit Verlusten möglich wäre. Außerdem ist die Lebensversicherung ein wichtiger Baustein ihrer Altersvorsorge. Stattdessen sollte sie ihre Ausgaben für Kleidung sowie Freizeit- und Wochenendaktivitäten deutlich reduzieren und ggf. auch beim Telefonieren etwas Zurückhaltung üben bzw. nach einem günstigeren Tarif Ausschau halten.

10.5 Lösung der Situation 5: Investitionen*

Lösungsdatei: **Situation 5 (Lösung)**
Kennwort: **KC56RX83** (Schreibgeschützt öffnen!)
Lösungsansicht:

	A	B	C	D	E	F
1	**Situation 5**					
2						
3	**Investitionen der Meier KG**					
4						
5						
6		**I. Quartal**	**II. Quartal**	**III. Quartal**	**IV. Quartal**	**Summe**
7	***Maschinen***	97.530,00 €	160.032,00 €	175.440,00 €	0,00 €	433.002,00 €
8	***Fuhrpark***	60.780,00 €	0,00 €	0,00 €	54.000,00 €	114.780,00 €
9	***Computerausstattung***	35.000,00 €	14.500,00 €	0,00 €	13.000,00 €	62.500,00 €
10	***Büromöbel***	700,00 €	1.300,00 €	500,00 €	450,00 €	2.950,00 €
11	***Weiterbildung***	0,00 €	15.600,00 €	1.200,00 €	1.100,00 €	17.900,00 €
12	***Sonstige Investitionen***	12.900,00 €	3.000,00 €	5.900,00 €	7.600,00 €	29.400,00 €
13	**Summe**	206.910,00 €	194.432,00 €	183.040,00 €	76.150,00 €	660.532,00 €
14						
15	Differenz zum Quartal vorher:					
16	absolut:		-12.478,00 €	-11.392,00 €	-106.890,00 €	
17	in Prozent:		-6,03%	-5,86%	-58,40%	

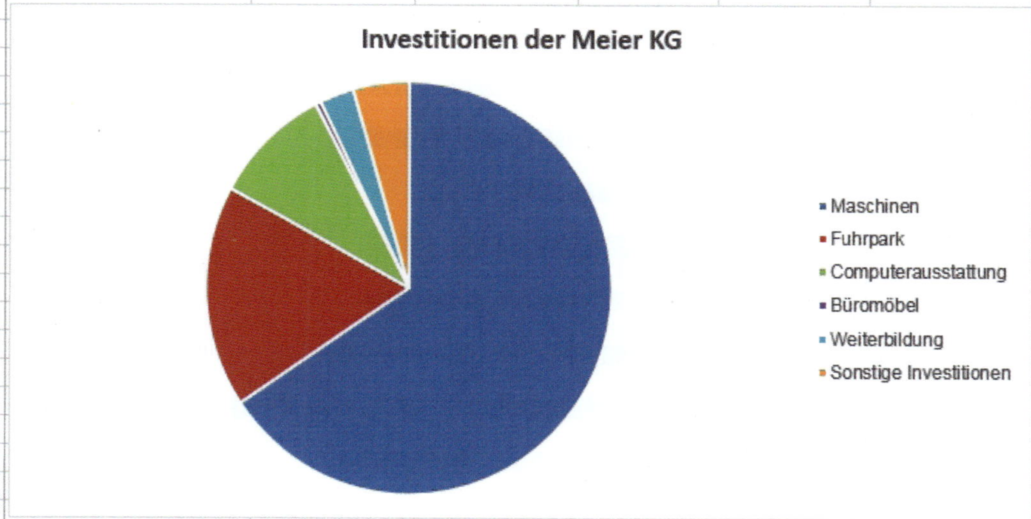

Der Anteil der Investitionen in Maschinen ist mit fast 2/3 des Gesamtinvestitionsvolumens der mit Abstand größte Investitionsbereich. Das Investitionsvolumen ist im 2. Quartal im Vergleich zum Quartal vorher um 6,03 %, im 3. Quartal um 5,86 % und im letzten Quartal um 58,4 % gesunken. Der starke Abfall im letzten Quartal erklärt sich dadurch, dass hier keine neuen Maschinen angeschafft wurden.

10.6 Lösung der Situation 6: Handelsspanne*

Lösungsdatei: **Situation 6 (Lösung)**
Kennwort: **LY56TW12** (Schreibgeschützt öffnen!)
Lösungsansicht:

Situation 6

Auswertung der Handelsspannen

	Produkt	Einkaufspreis	Verkaufspreis	Handelsspanne
Digital-Kameras	*Canon*	299,90 €	479,00 €	37%
	Kodak	89,50 €	169,00 €	47%
	Fuji	69,00 €	111,00 €	38%
	Nikon	249,00 €	379,00 €	34%
	Casio	229,90 €	349,00 €	34%
	Olympos	200,00 €	279,00 €	28%
	HP	235,50 €	379,00 €	38%
	Konica	215,00 €	349,00 €	38%
Durchschnitt		198,48 €	311,75 €	36%

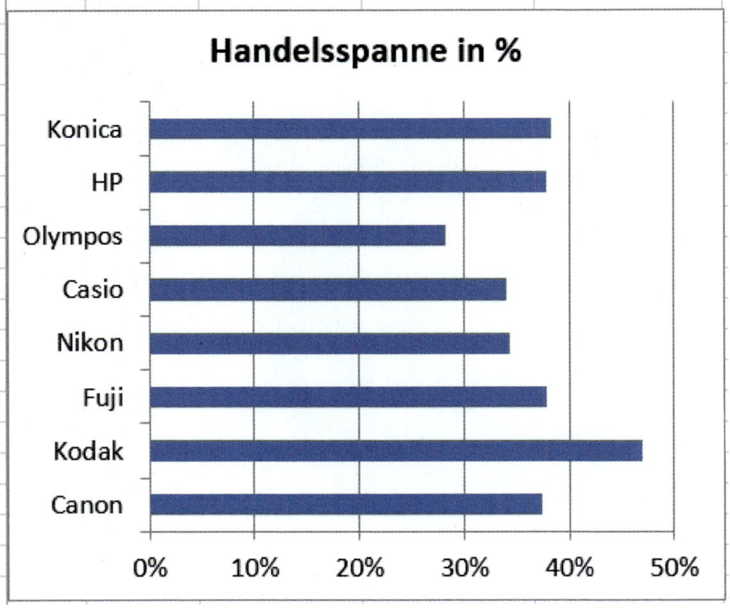

Während bei der Digitalkamera von Kodak die Handelsspanne im Verhältnis zum Durchschnittswert von 36 % mit 47 % außerordentlich hoch liegt, zeigt sich bei dem Modell von Olympos mit 28 % ein deutlich unterdurchschnittlicher Wert.

Kapitel 10

10.7 Lösung der Situation 7: Inventurliste*

Lösungsdatei: **Situation 7 (Lösung)**
Kennwort: **AZ14VD31** (Schreibgeschützt öffnen!)
Lösungsansicht:

Situation 7

Anlagegüter	Anzahl	Einzelpreis in €	Gesamtpreis €
Büromöbel			
Büroschränke	5	7.034,00 €	35.170,00 €
Schreibtische	4	2.439,00 €	9.756,00 €
Bürostühle	5	1.295,00 €	6.475,00 €
Summe			**51.401,00 €**
Anteile in %			**14,34%**
Büromaschinen			
Personalcomputer	6	3.350,00 €	20.100,00 €
Laserdrucker	2	1.990,00 €	3.980,00 €
Laptop	6	6.499,00 €	38.994,00 €
Komfort-Telefon	9	699,00 €	6.291,00 €
Faxgeräte	2	1.890,00 €	3.780,00 €
Summe			**73.145,00 €**
Anteile in %			**20,40%**
Fuhrpark			
Pkw	4	58.500,00 €	234.000,00 €
Summe			**234.000,00 €**
Anteile in %			**65,26%**
Summe Anlagegüter			**358.546,00 €**

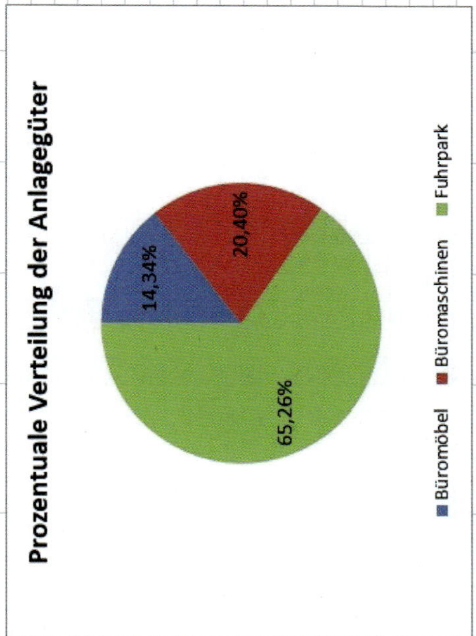

Wertmäßig hat der Fuhrpark mit 65,26 % das deutlich größere Gewicht aller Anlagegüter. Die Büromaschinen übersteigen mit 20,4 % knapp den Anteil der Büromöbel mit 14,34 %.

10.8 Lösung der Situation 8: Absatz- und Umsatzzahlen*

Lösungsdatei: **Situation 8 (Lösung)**
Kennwort: **MQ49TL13** (Schreibgeschützt öffnen!)
Lösungsansicht:

Situation 8

Absatz- und Umsatzzahlen McDaisy
1. Halbjahr

	Januar	Februar	März	April	Mai	Juni	Absatz	Preis	Umsatz	Umsatzanteil
"Big Deal"	2.984	2.568	3.169	3.034	3.004	3.052	*17.811*	1,89 €	*33.662,79 €*	*36,55%*
"St.Pauli Royal"	1.568	1.005	1.118	1.203	998	1.205	*7.097*	2,49 €	*17.671,53 €*	*19,19%*
"Daisy King"	4.782	4.563	4.327	4.598	4.675	4.408	*27.353*	1,49 €	*40.755,97 €*	*44,26%*
Summe	*9.334*	*8.136*	*8.614*	*8.835*	*8.677*	*8.665*	*52.261*		*92.090,29 €*	*100,00%*

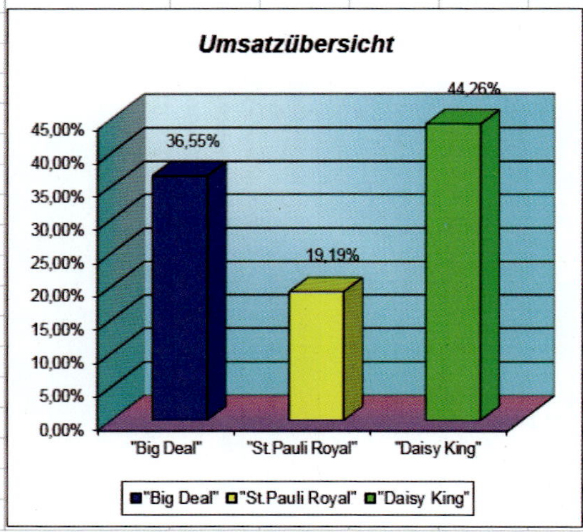

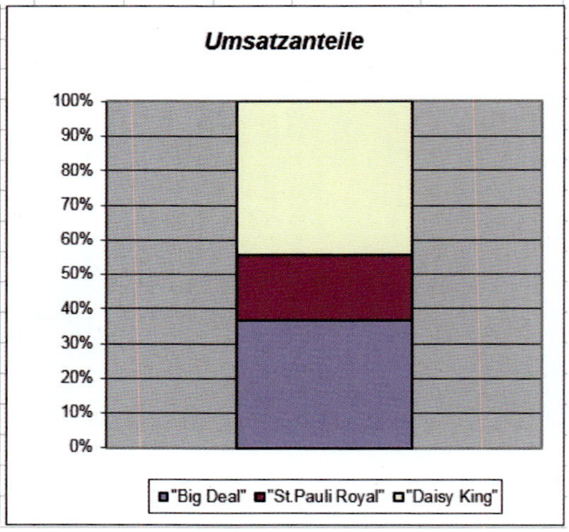

Der „Daisy King" hat trotz seines geringen Preises nicht nur den höchsten Absatz, sondern auch den größten Umsatzanteil. Der „St. Pauli Royal" hat trotz des höchsten Preises den geringsten Umsatzanteil, da seine Absatzzahlen relativ niedrig sind.

Kapitel 10

10.9 Lösung der Situation 9: Überstundenstatistik*

Lösungsdatei: **Situation 9 (Lösung)**
Kennwort: **WS12HJ34** (Schreibgeschützt öffnen!)
Lösungsansicht:

Situation 9

Übersicht durchschnittliche Überstunden pro Mitarbeiter je Abteilung

	Allg. Verwaltung	Einkauf	Personal	Rechnungswesen	Vertrieb	Werbung	Monatsdurchschnitt
Januar	4,2	2,1	2,8	9,3	4,1	1,3	***4,0***
Februar	4,7	2,9	2,3	8,7	5,4	3,1	***4,5***
März	4,0	4,1	2,1	8,8	4,9	1,5	***4,2***
April	3,6	2,5	2,4	7,9	2,1	1,0	***3,3***
Mai	1,8	2,0	1,7	8,1	2,3	1,6	***2,9***
Juni	1,4	1,9	1,1	7,8	1,5	1,4	***2,5***
Juli	1,1	1,4	1,3	7,7	3,1	1,7	***2,7***
August	0,8	1,1	0,1	7,9	0,7	1,2	***2,0***
September	2,1	1,9	1,1	9,1	1,3	3,2	***3,1***
Oktober	2,0	2,1	2,0	9,6	3,2	2,2	***3,5***
November	1,4	2,8	1,7	10,3	2,2	2,9	***3,6***
Dezember	1,3	2,1	0,8	10,6	2,0	2,1	***3,2***
Abteilungsdurchschnitt	***2,4***	***2,2***	***1,6***	***8,8***	***2,7***	***1,9***	

Sinnvollerweise ist die Teilzeitkraft für die Abteilung Rechnungswesen einzustellen.
Als Möglichkeiten zum Abbau von Überstunden kommen darüberhinaus die Optimierung der Arbeitsabläufe, der verstärkte Einsatz der EDV sowie das Auslagern von einzelnen Aufgabenbereichen (Outsourcing) in Frage.

Kapitel 10

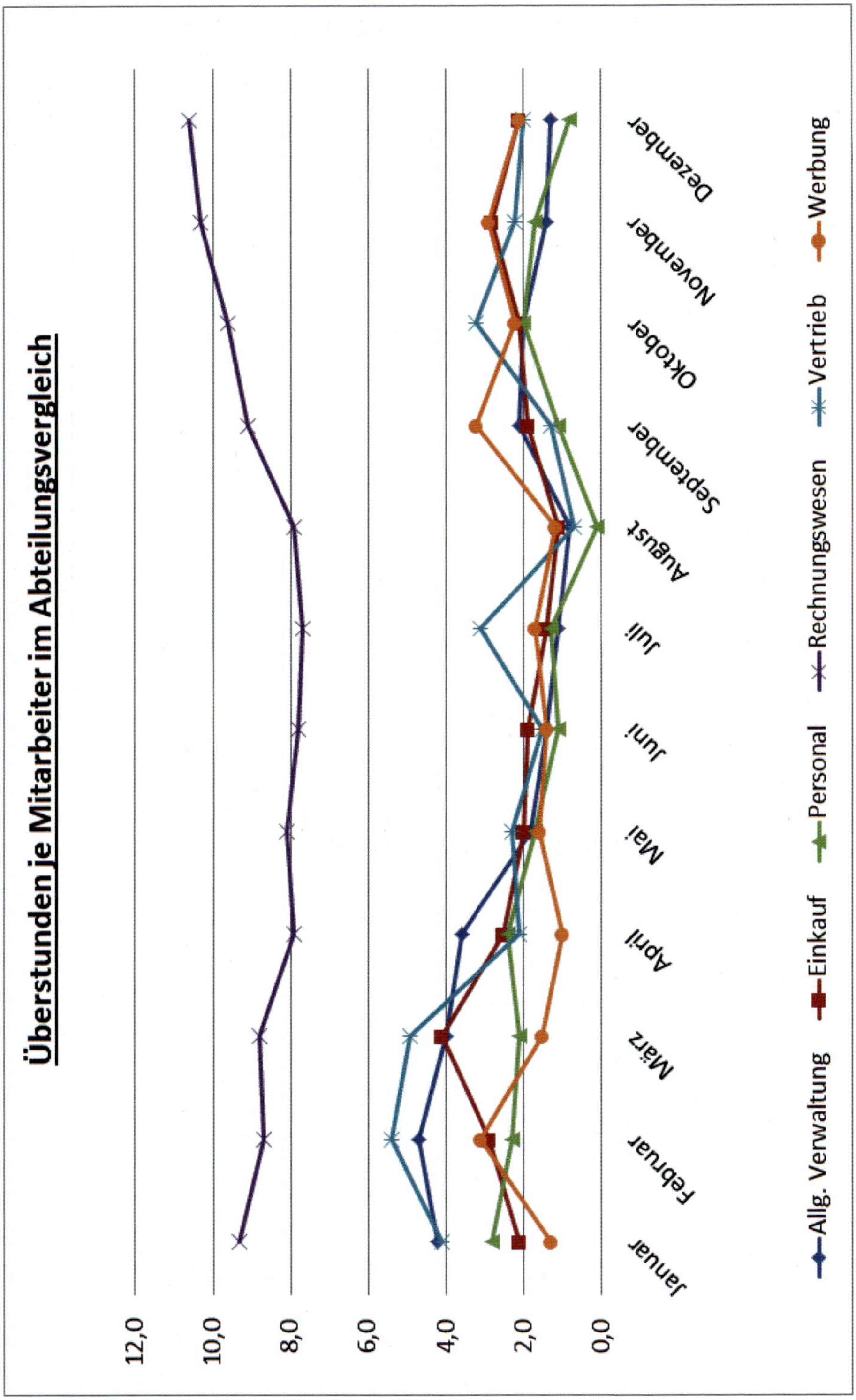
Überstunden je Mitarbeiter im Abteilungsvergleich
12,0
10,0
8,0
6,0
4,0
2,0
0,0
Januar
Februar
März
April
Mai
Juni
Juli
August
September
Oktober
November
Dezember
Allg. Verwaltung
Einkauf
Personal
Rechnungswesen
Vertrieb
Werbung

10.10 Lösung der Situation 10: Veranstaltungsmanagement*

Lösungsdatei: **Situation 10 (Lösung)**
Kennwort: **TZ76PQ32** (Schreibgeschützt öffnen!)
Lösungsansicht:

Situation 10

Veranstaltungen im Konzertsaal

		Preis pro Karte in EUR	Karten gesamt	Verkaufte Karten	Freie Plätze	Umsatz in EUR
Montag	*Klavierkonzert Nr.5 in Es-Dur*	45,00 €	1.500	945	555	42.525,00 €
Dienstag	*Sopranistin Henriette Kelch*	35,00 €	1.500	654	846	22.890,00 €
Mittwoch	*A tribute to George Gershwin*	40,00 €	2.500	2.500	0	100.000,00 €
Donnerstag	*Big Band "Swing time"*	45,00 €	2.000	1.879	121	84.555,00 €
Freitag	*Musical "Cats"*	65,00 €	2.500	2.176	324	141.440,00 €
Samstag	*Musical "Cats"*	65,00 €	2.500	2.370	130	154.050,00 €
Sonntag	*Jazztime*	25,00 €	1.500	1.341	159	33.525,00 €
Summen			**14.000**	**11.865**	**2.135**	**578.985,00 €**

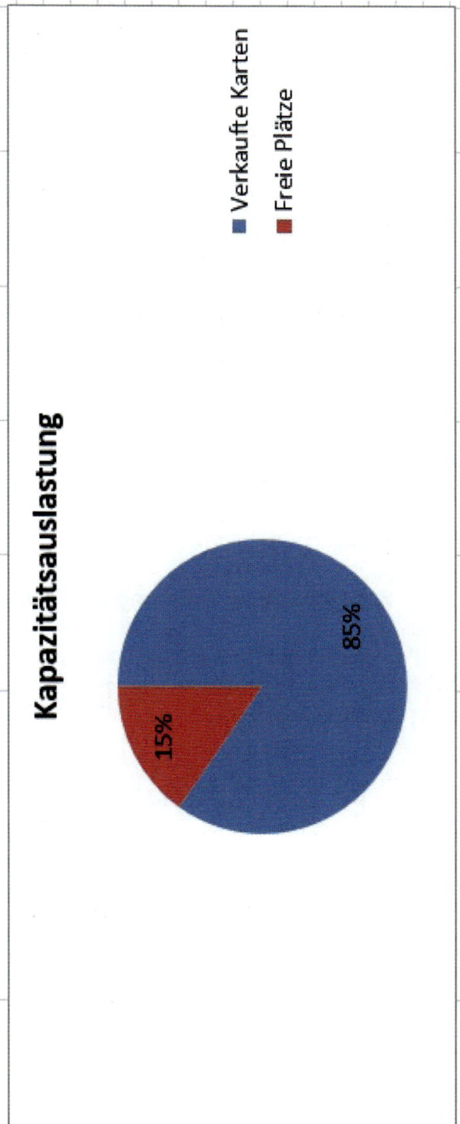

Die Kapazitätsauslastung dieser Woche liegt über den geforderten 80 %. Die wirtschaftliche Rentabilität ist somit gewährleistet.

Kapitel 10

10.11 Lösung der Situation 11: Betriebswirtschaftliche Kennzahlen**

Lösungsdatei: **Situation 11 (Lösung)**
Kennwort: **PM67RF31** (Schreibgeschützt öffnen!)
Lösungsansicht:

	A	B	C
1	**Situation 11**		
2			
3	**Betriebswirtschaftliche Kennzahlen**		
4			
5		**aktuelles Jahr**	**Vorjahr**
6	**Eigenkapital**	925.000,00 €	905.000,00 €
7	**Fremdkapital**	1.010.000,00 €	1.025.000,00 €
8	**Löhne und Gehälter**	219.450,00 €	218.980,00 €
9	**Mietaufwendungen**	21.350,00 €	25.690,00 €
10	**Fremdkapitalzinsen**	32.800,00 €	34.000,00 €
11	**Gewinn**	115.239,55 €	101.431,67 €
12	**Umsatz**	2.982.345,65 €	2.899.672,34 €
13			
14			
15	**Eigenkapitalrentabilität:**	***12,46%***	***11,21%***
16	**Eigenkapitalquote:**	***47,80%***	***46,89%***
17	**Umsatzrentabilität:**	***3,86%***	***3,50%***
18			
19	**Prozentuale Veränderung zum Vorjahr:**		
20			
21	**Eigenkapitalrentabilität:**	***11,16%***	
22	**Eigenkapitalquote:**	***1,95%***	
23	**Umsatzrentabilität:**	***10,46%***	

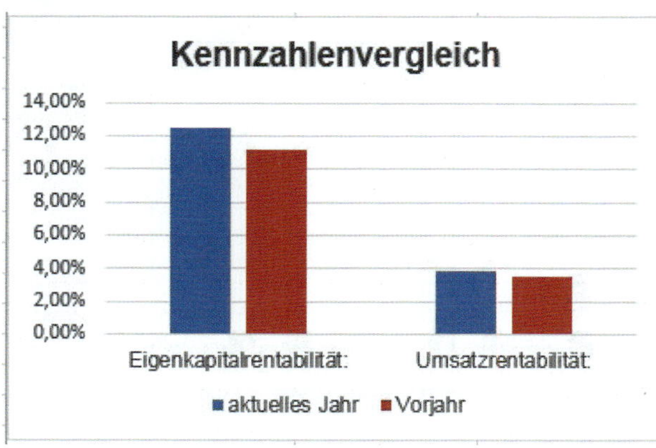

Das Unternehmen hat sich insgesamt sehr positiv entwickelt. Die Eigenkapitalrentabilität und die Umsatzrentabilität haben sich deutlich, die Eigenkapitalquote zumindest geringfügig verbessert.

10.12 Lösung der Situation 12: Filialabrechnung**

Lösungsdatei: **Situation 12 (Lösung)**
Kennwort: **RT39PW91** (Schreibgeschützt öffnen!)
Lösungsansicht:

	A	B	C	D	E	F	G
1	**Situation 12**						
2							
3	**Filialabrechnung**						
4							
5		1. Quartal	2. Quartal	3. Quartal	4. Quartal	Summe	%
6	Filiale 1	12.000,00 €	8.400,00 €	14.500,00 €	21.000,00 €	55.900,00 €	18%
7	Filiale 2	6.750,00 €	7.900,00 €	8.900,00 €	9.800,00 €	33.350,00 €	11%
8	Filiale 3	21.500,00 €	18.700,00 €	17.500,00 €	15.000,00 €	72.700,00 €	24%
9	Filiale 4	19.800,00 €	21.650,00 €	21.400,00 €	23.400,00 €	86.250,00 €	28%
10	Filiale 5	8.900,00 €	12.100,00 €	15.000,00 €	13.400,00 €	49.400,00 €	16%
11							
12	Gesamt	68.950,00 €	68.750,00 €	77.300,00 €	82.600,00 €	297.600,00 €	100%
13							
14	Veränderung EUR		-200,00 €	8.550,00 €	5.300,00 €		
15	in %		-0,29%	12,44%	6,86%		
16							
17	Durchschnitt	13.790,00 €	13.750,00 €	15.460,00 €	16.520,00 €	59.520,00 €	
18	Maximum	21.500,00 €	21.650,00 €	21.400,00 €	23.400,00 €	87.950,00 €	
19	Minimum	6.750,00 €	7.900,00 €	8.900,00 €	9.800,00 €	33.350,00 €	

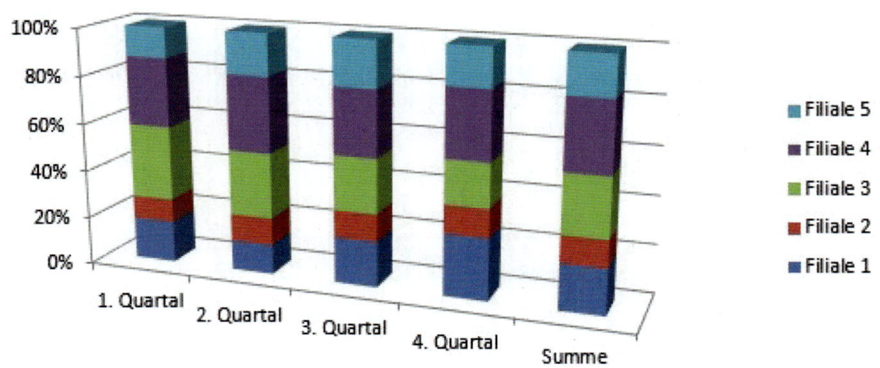

Über das gesamte Jahr gesehen ist der Umsatzanteil der Filiale 3 mit 24 % der zweitgrößte Umsatzanteil aller Filialen. Bei Betrachtung der einzelnen Quartale fällt jedoch auf, dass der Umsatz von Quartal zu Quartal kontinuierlich abgenommen hat.

Lösungshinweis:
Die Werte in der Spalte G sind auf zwei Nachkommastellen abzurunden, um ganze Prozentzahlen zu erhalten, da es sich um Prozentzahlen, also Hundertstel handelt. Die Prozentzahl 18 % entspricht dem Wert 0,18. Folglich lautet die Funktion für die Zeile G6: =ABRUNDEN(F6/$F$12;2).

10.13 Lösung der Situation 13: Angebotsvergleich II**

Lösungsdatei: **Situation 13 (Lösung)**
Kennwort: **VX47BU82** (Schreibgeschützt öffnen!)
Lösungsansicht:

Situation 13

Angebotsvergleich

Angebote	*Meier GmbH*	*Klein GmbH*	*Mauer OHG*	*Stelz & Co. KG*	*SCL AG*
Listenpreis	180,00	210,00	190,00	200,00	220,00
Rabatt	5,00%	0,00%	3,00%	10,00%	4,00%
- Rabattbetrag	9,00	0,00	5,70	20,00	8,80
Zieleinkaufspreis	171,00	210,00	184,30	180,00	211,20
Skonto	2,00%	3,00%	3,00%	3,00%	2,00%
- Skontobetrag	3,42	6,30	5,53	5,40	4,22
Bareinkaufspreis	167,58	203,70	178,77	174,60	206,98
+ Anfuhr	0,40	0,00	0,30	0,00	0,27
+ Verladen	0,75	0,65	0,45	0,55	0,65
+ Fracht	2,50	2,90	0,00	1,20	1,95
Bezugspreis	171,23	207,25	179,52	176,35	209,85
Bewertung	*günstig*	*teuer*	*günstig*	*günstig*	*teuer*

Das günstigste Angebot ist das Angebot der Meier GmbH. Neben dem Bezugspreis sollten die Lieferungs- und Zahlungsbedingungen, der Service, die Zuverlässigkeit des Lieferanten und nicht zuletzt die Qualität des Produktes als Entscheidungskriterien herangezogen werden.

Kapitel 10

10.14 Lösung der Situation 14: ABC-Analyse**

Lösungsdatei: **Situation 14 (Lösung)**
Kennwort: **QL73VR19** (Schreibgeschützt öffnen!)
Lösungsansicht:

Situation 14

ABC-Analyse

Art.Nr.	EK-Preis	Bestellmenge pro Jahr	Anzahl der Best. pro Jahr	Wert pro Bestellung	Wert insges.	% vom Gesamtwert	kumulierte %-Anteile	Gruppe A/B/C
79013	58,90 €	58.000	8	427.025,00 €	3.416.200,00 €	37,8%	37,8%	A
79015	34,50 €	61.500	12	176.812,50 €	2.121.750,00 €	23,5%	61,3%	A
79017	19,90 €	50.400	6	167.160,00 €	1.002.960,00 €	11,1%	72,4%	A
79012	17,90 €	38.000	16	42.512,50 €	680.200,00 €	7,5%	79,9%	A
79021	17,95 €	28.900	16	32.422,19 €	518.755,00 €	5,7%	85,7%	B
79016	12,50 €	28.000	14	25.000,00 €	350.000,00 €	3,9%	89,5%	B
79018	4,20 €	72.000	24	12.600,00 €	302.400,00 €	3,3%	92,9%	B
79019	7,90 €	33.600	12	22.120,00 €	265.440,00 €	2,9%	95,8%	C
79020	1,25 €	184.000	24	9.583,33 €	230.000,00 €	2,5%	98,4%	C
79014	1,85 €	79.600	24	6.135,83 €	147.260,00 €	1,6%	100,0%	C
Summe:				921.371,35 €	9.034.965,00 €	100,0%		

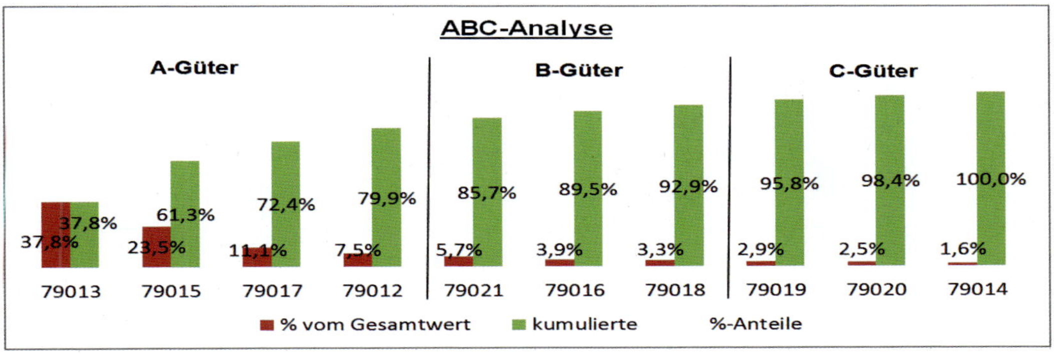

Aufgrund ihrer großen wirtschaftlichen Bedeutung wurden die A-Güter zum Teil wahrscheinlich schon bisher sorgfältig ausgewählt und eingehend geprüft. Durch große Bestellmengen können die Bestellkosten gesenkt werden. Dies fällt bei den A-Gütern durch ihren hohen Wertanteil insgesamt besonders ins Gewicht. Bei den Artikeln Nr. 79015 und 79012 ist hier ggf. noch Optimierungspotential, d. h. die Anzahl der Bestellungen kann hier gesenkt und die jeweilige Bestellmenge erhöht werden. Zu beachten ist dennoch, dass große Bestellungen zwar die Bestellkosten senken, gleichzeitig aber ggf. auch höhere Lagerkosten in Kauf genommen werden müssen.

Für die C-Güter kann die Beschaffung durch langfristige Lieferverträge, selteneren Lieferantenvergleich und ggf. auch Abstrichen bei der Qualitätsprüfungvereinfacht werden. Problematisch könnte dabei sein, dass im Einzelfall auch C-Güter mit geringem Einkaufswert für die Qualität eines Fertigprodukts von großer Bedeutung sein können.

10.15 Lösung der Situation 15: Eigenfertigung oder Fremdbezug**

Lösungsdatei: **Situation 15 (Lösung)**
Kennwort: **PQ39TZ14** (Schreibgeschützt öffnen!)
Lösungsansicht:

	A	B	C	D	E
1	**Situation 15**				
2					
3	**Eigenfertigung oder Fremdbezug**				
4					
5	Intervall: 1.000 Stück				
6					
7	***Fremdbezug***		***Eigenfertigung***		
8	Bezugspreis je Stück:	54,90 €	Materialkosten je Stück.:	7,90 €	
9			Fertigungskosten je Stück.:	29,50 €	
10			Fixkosten:	78.500,00 €	
11					
12					
13	**Menge**	***Fremdbezug***		***Eigenfertigung***	
14		**Gesamt-Kosten**	**Stück-Kosten**	**Gesamt-Kosten**	**Stück-Kosten**
15	**x**	K_F	k_F	K_E	k_E
16	1.000	54.900,00 €	54,90 €	115.900,00 €	115,90 €
17	2.000	109.800,00 €	54,90 €	153.300,00 €	76,65 €
18	3.000	164.700,00 €	54,90 €	190.700,00 €	63,57 €
19	4.000	219.600,00 €	54,90 €	228.100,00 €	57,03 €
20	5.000	274.500,00 €	54,90 €	265.500,00 €	53,10 €
21	6.000	329.400,00 €	54,90 €	302.900,00 €	50,48 €
22	7.000	384.300,00 €	54,90 €	340.300,00 €	48,61 €
23	8.000	439.200,00 €	54,90 €	377.700,00 €	47,21 €
24	9.000	494.100,00 €	54,90 €	415.100,00 €	46,12 €
25	10.000	549.000,00 €	54,90 €	452.500,00 €	45,25 €

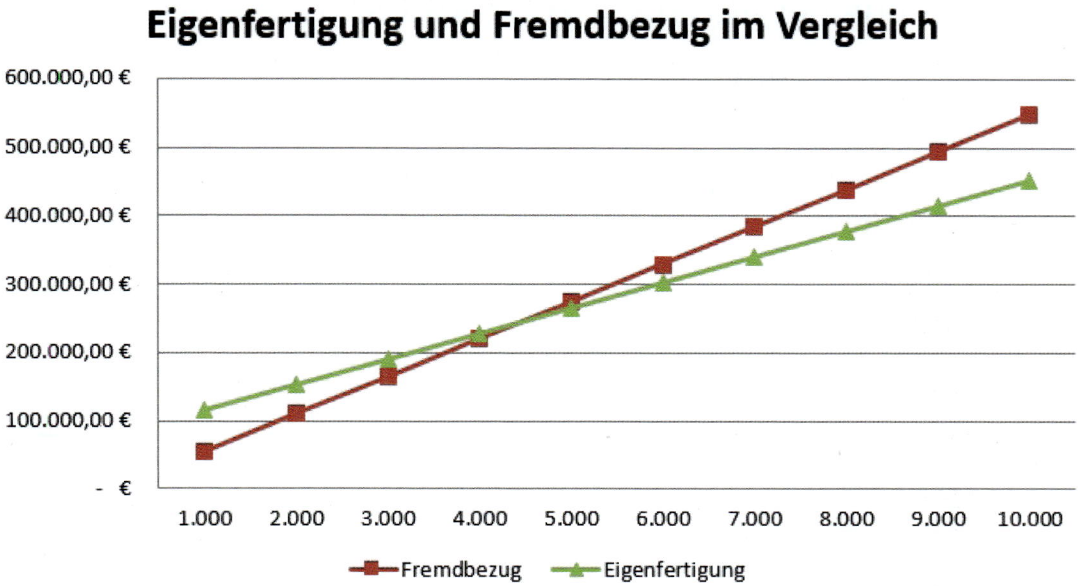

Bei einer benötigten Stückzahl von 7.000 Stück lohnt es sich, die Kunststoffteile selbst zu fertigen, da dies zu deutlich niedrigeren Stückkosten möglich ist.

Der Schnittpunkt im Diagramm kennzeichnet die Menge, bei der die Kosten für den Fremdbezug und die Eigenfertigung identisch sind („kritische Menge").

Kapitel 10

10.16 Lösung der Situation 16: Handelskalkulation**

Lösungsdatei: **Situation 16 (Lösung)**
Kennwort: **YT52FH29** (Schreibgeschützt öffnen!)
Lösungsansicht:

	A	B	C	D
1	**Situation 16**			
2				
3	**Handelskalkulation**			
4				
5		**Eingabe in %**	**Eingabe in €**	**Betrag in €**
6	**Listeneinkaufspreis**			289,00 €
7	- Liefererrabatt	15%		43,35 €
8	Zieleinkaufspreis			245,65 €
9	- Liefererskonto	2%		4,91 €
10	Bareinkaufspreis			240,74 €
11	+ Bezugskosten		10,50 €	10,50 €
12	Bezugs- bzw. Einstandspreis			251,24 €
13	+ Handlungskosten	18%		45,22 €
14	Selbstkosten			296,46 €
15	+ Gewinn	21%		62,26 €
16	Barverkaufspreis			358,72 €
17	+ Kundenskonto	2%		7,55 €
18	+ Vertreterprovision	3%		11,33 €
19	Zielverkaufspreis			377,60 €
20	+ Kundenrabatt	10%		41,96 €
21	Listenverkaufspreis bzw Nettopreis			419,55 €
22	+ Umsatzsteuer	19%		79,71 €
23	**Bruttoverkaufspreis**			499,27 €

Kapitel 10

Zusammensetzung des Bruttoverkaufspreises

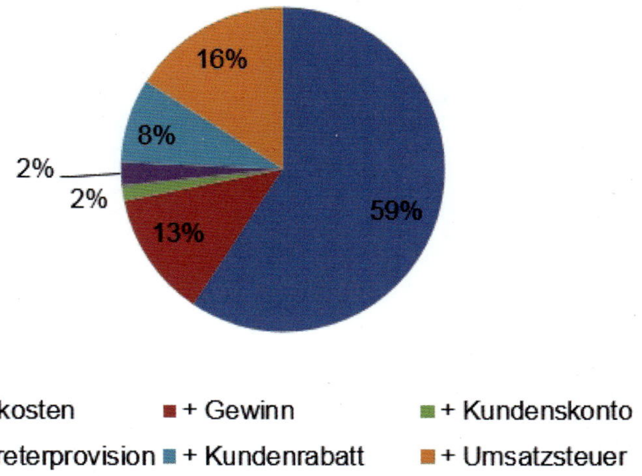

Zu den Handlungskosten zählen u. a. die Lagerkosten (Gehälter, Löhne, Lagerzinsen, Abschreibungen), die Verkaufskosten (Gehälter, Ausgangsfrachten, Werbekosten) und die allgemeinen Verwaltungskosten (Gehälter, Raumkosten).

Der Kundenskonto muss in einer Im-Hundert-Rechnung berücksichtigt werden, da der Kunde Skonto von „seinem" Zieleinkaufspreis (= Zielverkaufspreis in der Verkaufskalkulation) abzieht. Der Kundenrabatt muss wie der Kundenskonto ebenfalls in einer Im-Hundert-Rechnung berücksichtigt werden, da der Kunde den Kundenrabatt von „seinem" Listeneinkaufspreis (= Listenverkaufspreis des Verkäufers) berechnet. D.h. bei einem Rabatt von 10 % entspricht der Zielverkaufspreis 90% und der Listenverkaufspreis 100 %.

10.17 Lösung der Situation 17: Optimale Bestellmenge**

Lösungsdatei: **Lösung Ü17 (Lösung)**
Kennwort: **RX98CP43** (Schreibgeschützt öffnen!)
Lösungsansicht:

Situation 17

Optimale Bestellmenge

Jährliche Beschaffungsmenge:	15.000
Kosten je Bestellung:	30,00 €
Lagerhaltungskostensatz:	6,5%
EP je VE (bei < 5.000 VE):	6,50 €
EP je VE (ab 5.000 VE):	5,90 €
EP je VE (ab 10.000 VE):	4,90 €

Bestell-häufigkeit	Bestellmenge (VE)	Durchschnittl. Lagerbestand (in €)	Lagerhaltungs-kosten pro Jahr (in €)	Bestellkosten pro Jahr (in €)	Beschaffungs-kosten pro Jahr (in €)
1	15.000	36.750,00 €	2.388,75 €	30,00 €	2.418,75 €
2	7.500	22.125,00 €	1.438,13 €	60,00 €	1.498,13 €
3	5.000	14.750,00 €	958,75 €	90,00 €	1.048,75 €
4	3.750	12.187,50 €	792,19 €	120,00 €	912,19 €
5	3.000	9.750,00 €	633,75 €	150,00 €	783,75 €
6	2.500	8.125,00 €	528,13 €	180,00 €	708,13 €
7	2.143	6.964,29 €	452,68 €	210,00 €	662,68 €
8	1.875	6.093,75 €	396,09 €	240,00 €	636,09 €
9	1.667	5.416,67 €	352,08 €	270,00 €	622,08 €
10	1.500	4.875,00 €	316,88 €	300,00 €	616,88 €
11	1.364	4.431,82 €	288,07 €	330,00 €	618,07 €
12	1.250	4.062,50 €	264,06 €	360,00 €	624,06 €

Große Bestellmengen ermöglichen die Verwirklichung von Rabatten und damit günstigere Einstandspreise sowie niedrigere Bestellkosten, da seltener bestellt werden muss. Je häufiger bestellt wird, umso höher sind die Bestellkosten und umso niedriger die Lagerhaltungskosten. Bei einer geringeren Bestellhäufigkeit sind die Lagerhaltungskosten höher und die Bestellkosten niedriger. Die optimale Bestellmenge ist erreicht, wenn die Summe aus Bestell- und Lagerhaltungskosten am geringsten ist.

Die bisherige Praxis, den gesamten Jahresbedarf auf einmal zu bestellen, ist wirtschaftlich nicht vernünftig. Die günstigsten Beschaffungskosten (Summe aus Lagerhaltungskosten und Bestellkosten) ergeben sich im vorliegenden Fall bei 10 Bestellungen pro Jahr. Die optimale Bestellmenge beträgt also 1.500 Stück.

10.18 Lösung der Situation 18: Personalleasing**

Lösungsdatei: **Situation 18 (Lösung)**
Kennwort: **WQ56KL54** (Schreibgeschützt öffnen!)
Lösungsansicht:

	A	B	C	D	E	F
1	**Situation 18**					
2						
3	**Kostenvergleich: Eigenes Personal oder Zeitpersonal**					
4						
5	**Alternative 1: Befristete Neueinstellung**				**Alternative 2: Personalleasing**	
6						
7		*Beitragssatz*	pro Jahr			
8	Bruttogehalt	3.000,00	36.000,00		Arbeitsstunden pro Jahr:	1800
9	Weihnachtsgeld		1.500,00		Kosten pro Arbeitsstunde:	28,00
10	Soz.vers.pfl. Gehalt		37.500,00			
11	RV	18,90%	3.543,75		**Gesamtkosten:**	**50.400,00**
12	ALV	3,00%	562,50			
13	KV	15,50%	2.906,25			
14	PV	2,05%	384,38			
15	Kosten der					
16	Personalbesch.		2.000,00			
17						
18	**Gesamtkosten:**		**46.896,88**			
19						
20	**Fazit:** **Die befristete Neueinstellung ist die günstigere Alternative!**					
21						
22						
23						
24						
25						
26						

Beim Personalleasing fallen keine Ausfallzeiten durch Krankheit und auch keine Lohnfortzahlung im Krankheitsfall an, da dieses Risiko von der Zeitarbeitsfirma getragen wird. Der geleaste Mitarbeiter kann leichter ausgewechselt werden, z. B. wenn er mit seinen Aufgaben überfordert ist. Die Laufzeit des Zeitarbeitsverhältnisses ist sehr flexibel regelbar (z. B. Verkürzung auf 1/2 Jahr, ggf. auch Verlängerung).

10.19 Lösung der Situation 19: Abschreibungen**

Lösungsdatei: Situation 19 (Lösung)
Kennwort: QA36XY19 (Schreibgeschützt öffnen!)
Lösungsansicht:

Situation 19

Vergleich der Abschreibungsmethoden

a) Abschreibung nach Leistungseinheiten (Maschinenlaufstunden)

Jahr	Anfangswert	Abschreibungsbetrag	kumulierte Abschreibungen	Restwert		Betriebsstunden
1	446.000,00 €	83.758,71 €	83.758,71 €	362.241,29 €		4.698
2	362.241,29 €	82.653,34 €	166.412,06 €	279.587,94 €		4.636
3	279.587,94 €	48.565,08 €	214.977,13 €	231.022,87 €		2.724
4	231.022,87 €	52.184,28 €	267.161,42 €	178.838,58 €		2.927
5	178.838,58 €	42.021,99 €	309.183,40 €	136.816,60 €		2.357
6	136.816,60 €	56.570,12 €	365.753,52 €	80.246,48 €		3.173
7	80.246,48 €	38.848,50 €	404.602,01 €	41.397,99 €		2.179
8	41.397,99 €	41.397,99 €	446.000,00 €	- €		2.322
						25.016

b) Lineare Methode

Jahr	Anfangswert	Abschreibungsbetrag	kumulierte Abschreibungen	Restwert
1	446.000,00 €	55.750,00 €	55.750,00 €	390.250,00 €
2	390.250,00 €	55.750,00 €	111.500,00 €	334.500,00 €
3	334.500,00 €	55.750,00 €	167.250,00 €	278.750,00 €
4	278.750,00 €	55.750,00 €	223.000,00 €	223.000,00 €
5	223.000,00 €	55.750,00 €	278.750,00 €	167.250,00 €
6	167.250,00 €	55.750,00 €	334.500,00 €	111.500,00 €
7	111.500,00 €	55.750,00 €	390.250,00 €	55.750,00 €
8	55.750,00 €	55.750,00 €	446.000,00 €	- €

c) Geometrisch-degressive Methode

Jahr	Anfangswert	Abschreibungsbetrag	kumulierte Abschreibungen	Restwert
1	446.000,00 €	133.800,00 €	133.800,00 €	312.200,00 €
2	312.200,00 €	93.660,00 €	227.460,00 €	218.540,00 €
3	218.540,00 €	65.562,00 €	293.022,00 €	152.978,00 €
4	152.978,00 €	45.893,40 €	338.915,40 €	107.084,60 €
5	107.084,60 €	32.125,38 €	371.040,78 €	74.959,22 €
6	74.959,22 €	22.487,77 €	393.528,55 €	52.471,45 €
7	52.471,45 €	15.741,44 €	409.269,98 €	36.730,02 €
8	36.730,02 €	11.019,01 €	420.288,99 €	25.711,01 €

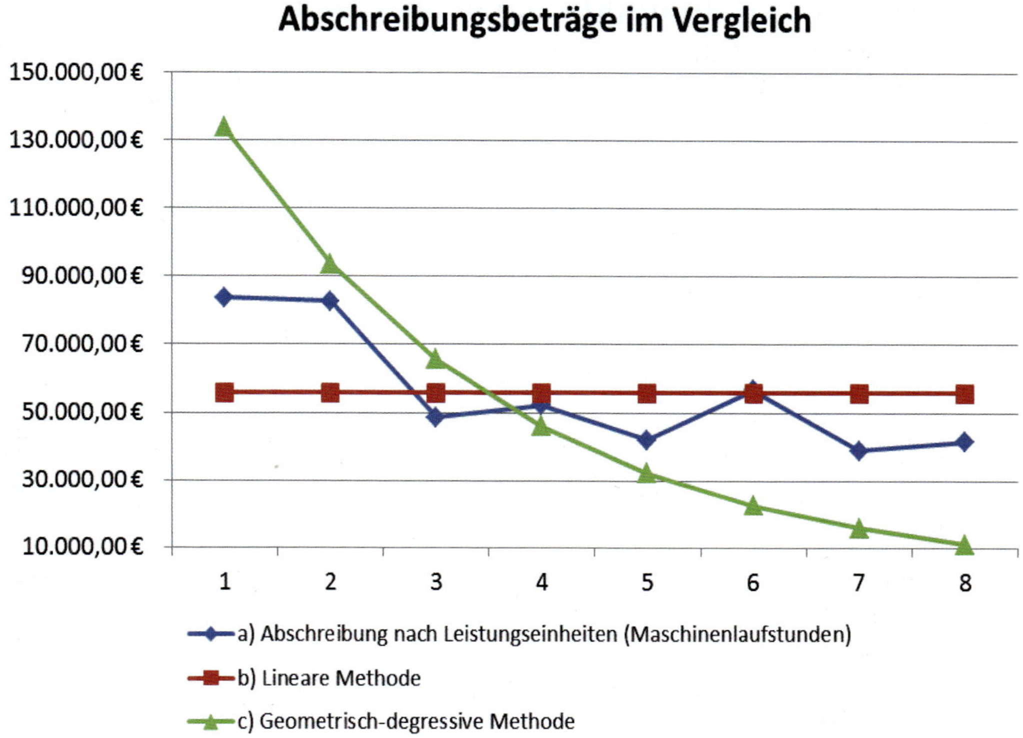

Bei der Abschreibung nach Leistungseinheiten können die Abschreibungsbeträge je nach Anzahl der Maschinenlaufstunden stark schwanken. Bei der linearen Abschreibung sind die Abschreibungsbeträge über die Jahre gleichbleibend, während die degressiven Abschreibungsbeträge von Jahr zu Jahr abnehmen.

Die leistungsbezogene Abschreibung spiegelt die tatsächliche Wertminderung am genauesten wider. Die degressive Abschreibung ermöglicht es durch die hohen Abschreibungsbeträge der ersten Jahre am besten, bei einer guten Gewinnsituation Steuern zu sparen. Bei der linearen Abschreibung sind die AfA-Beträge leicht zu berechnen und bleiben über den gesamten Abschreibungszeitraum konstant.

10.20 Lösung der Situation 20: Gewinnverteilung KG***

Lösungsdatei: Situation 20 (Lösung)
Kennwort: HT33PG19 (Schreibgeschützt öffnen!)
Lösungsansicht:

	A	B	C	D	E	F	G
1	**Situation 20**						
2							
3	**Gewinnverteilung bei der MuMa & Partner KG**						
4							
5							
6	**Gewinn:**	75.000,00	**Kapitalverzinsung:**		4,0%		
7							
8	**Gesellschafter**		**Kapital**	**Verzinsung**	**Verteilung**	**Restgewinn**	**Gesamtgewinn**
9					**Restgewinn**		
10	Komplementär Mummert		30.000,00	1.200,00	4	26.181,82	27.381,82
11	Komplementär Maier		20.000,00	800,00	4	26.181,82	26.981,82
12	Kommanditist Schmelzer		15.000,00	600,00	2	13.090,91	13.690,91
13	Kommanditist Zach		10.000,00	400,00	1	6.545,45	6.945,45
14	Summe		75.000,00	3.000,00		72.000,00	75.000,00

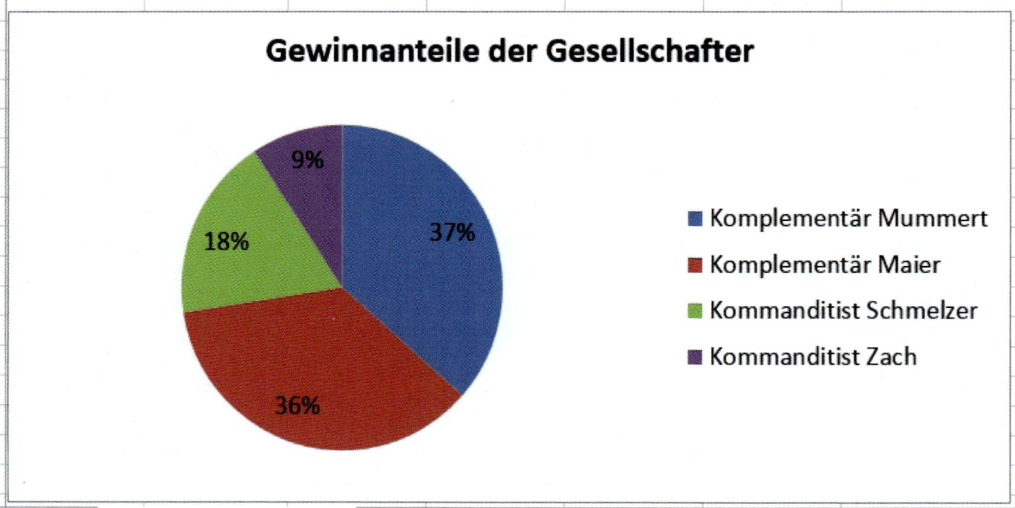

Komplementäre haften als sog. „Vollhafter" auch mit ihrem Privatvermögen, während die Haftung der Kommanditisten auf ihre Kapitaleinlage beschränkt bleibt („Teilhafter"). Die Geschäftsführung und Vertretung der KG liegt in den Händen der Komplementäre, die Kommanditisten haben lediglich gewisse Kontrollrechte und ein Widerspruchsrecht bei außergewöhnlichen Rechtsgeschäften.

Aufgrund des deutlich stärkeren Engagements für das Unternehmen (ausgeweitete Haftung, Geschäftsführung und Vertretung) ist es gerechtfertigt, dass die Komplementäre vom Restgewinn stärker profitieren als die Kommanditisten.

10.21 Situation 21: Provisionsberechnung***

Lösungsdatei: **Situation 21 (Lösung)**
Kennwort: **XL36TN23** (Schreibgeschützt öffnen!)
Lösungsansicht:

Situation 21

Provisionsberechnung

Filiale	Umsatz	Provisionssatz	Provision
München	11.500.000,00	20%	2.300.000,00
Berlin	9.200.000,00	18%	1.656.000,00
Leipzig	9.000.000,00	18%	1.620.000,00
Hamburg	7.800.000,00	14%	1.092.000,00
Dresden	4.200.000,00	8%	336.000,00
Augsburg	3.600.000,00	6%	216.000,00
Nürnberg	3.000.000,00	6%	180.000,00
Frankfurt	2.750.000,00	4%	110.000,00
Köln	2.400.000,00	4%	96.000,00
Düsseldorf	1.200.000,00	2%	24.000,00
Bremen	920.000,00	0%	0,00
Rostock	440.000,00	0%	0,00
Summe	56.010.000,00		7.630.000,00

Provisionstabelle	
Umsatz	Provisionssatz
0,00	0%
1.000.000,00	2%
2.000.000,00	4%
3.000.000,00	6%
4.000.000,00	8%
5.000.000,00	10%
6.000.000,00	12%
7.000.000,00	14%
8.000.000,00	16%
9.000.000,00	18%
10.000.000,00	20%

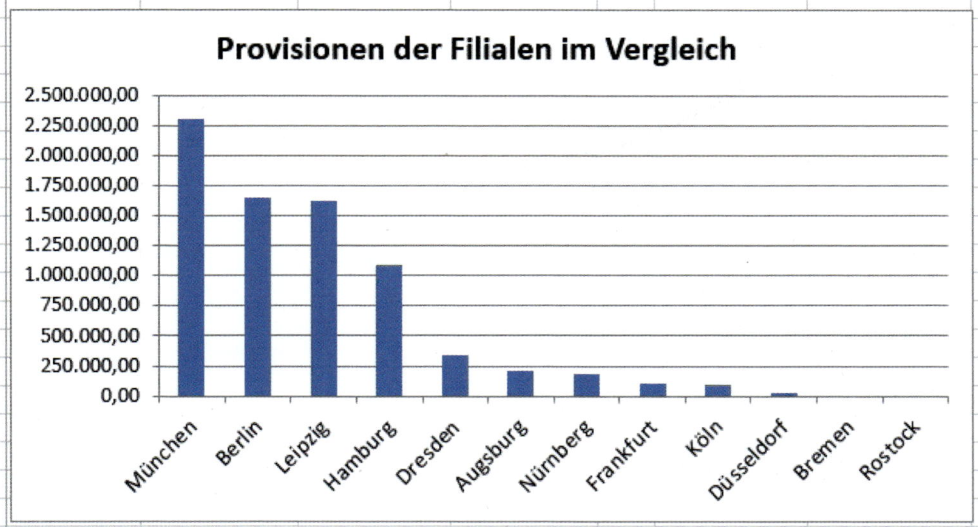

Die extremen Unterschiede bei den Provisionszahlungen kommen zum einen durch die recht großen Differenzen bei den erzielten Umsatzzahlen zustande. Hinzu kommen hier jedoch die mit wachsendem Umsatz stark steigenden Provisionssätze. So erhält die Außenstelle München einen Provisionssatz von 20 %, während beispielsweise die Außenstelle Düsseldorf mit 2 % vorlieb nehmen muss.

10.22 Lösung der Situation 22: Break-even-Analyse***

Lösungsdatei: **Situation 22 (Lösung)**
Kennwort: **JZ76BV96** (Schreibgeschützt öffnen!)
Lösungsansicht:

	A	B	C	D	E	F
1	**Situation 22**					
2						
3				**Break-even-Analyse**		
4						
5	Produktionsmenge Januar:		6.200	Gesamtkosten Januar:		386.000,00 €
6	Produktionsmenge Februar:		3.700	Gesamtkosten Februar:		306.000,00 €
7	Variable Stückkosten		32,00 €	Fixe Kosten		159.800,00 €
8	Verkaufserlös je Stück		58,85 €	Intervall	1.000	Stück
9						
10	**Menge**	**Fixe Kosten**	**Var. Kosten**	**Ges. Kosten**	**Erlöse**	**Gew./Verl.**
11	**X**	**Kf**	**Kv**	**K**	**E**	**G**
12	0	159.800,00 €	0,00 €	159.800,00 €	0,00 €	-159.800,00 €
13	1.000	159.800,00 €	32.000,00 €	191.800,00 €	58.850,00 €	-132.950,00 €
14	2.000	159.800,00 €	64.000,00 €	223.800,00 €	117.700,00 €	-106.100,00 €
15	3.000	159.800,00 €	96.000,00 €	255.800,00 €	176.550,00 €	-79.250,00 €
16	4.000	159.800,00 €	128.000,00 €	287.800,00 €	235.400,00 €	-52.400,00 €
17	5.000	159.800,00 €	160.000,00 €	319.800,00 €	294.250,00 €	-25.550,00 €
18	6.000	159.800,00 €	192.000,00 €	351.800,00 €	353.100,00 €	1.300,00 €
19	7.000	159.800,00 €	224.000,00 €	383.800,00 €	411.950,00 €	28.150,00 €
20	8.000	159.800,00 €	256.000,00 €	415.800,00 €	470.800,00 €	55.000,00 €
21	9.000	159.800,00 €	288.000,00 €	447.800,00 €	529.650,00 €	81.850,00 €
22	10.000	159.800,00 €	320.000,00 €	479.800,00 €	588.500,00 €	108.700,00 €
23						

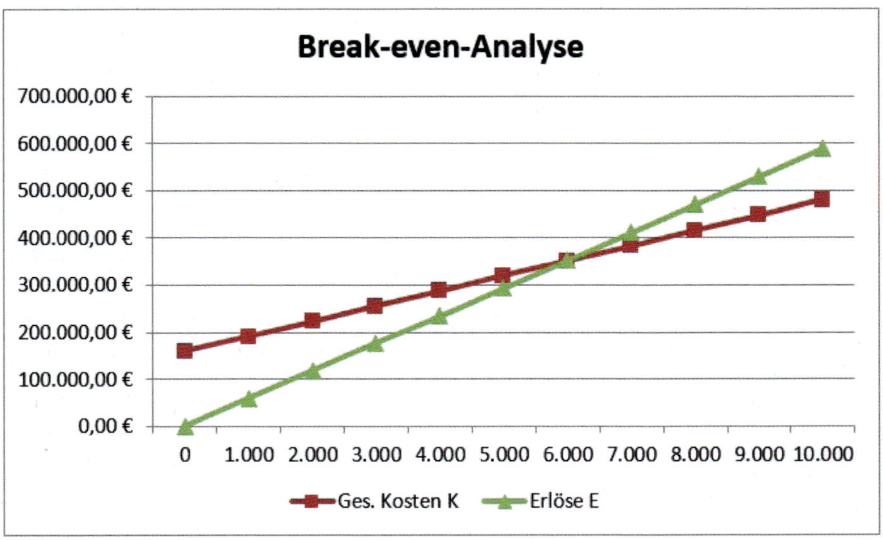

Kapitel 10

Bei den genannten Stückzahlen kann das Unternehmen nicht wirtschaftlich arbeiten und wird weiter Verluste machen, da die Produktionsmenge deutlich unter dem Break-even-Point liegt. Das Unternehmen braucht dringend zusätzliche Aufträge oder es muss Kapazitäten abbauen, um die Fixkosten zu senken.

Der Break-even-Point befindet sich im Schnittpunkt von Gesamtkostenkurve und Erlöskurve.

Lösungshinweis:

Beim Erstellen des Diagramms markieren Sie die Spalten *Menge, Ges. Kosten* und *Erlöse*. Excel erkennt die Spalte *Menge* zunächst als Datenreihe und stellt sie im Diagramm dar. Über das Kontextmenü „Datenquelle auswählen" entfernen Sie zunächst die Datenreihe „Menge X" **(1)** und fügen Sie dann die Mengenbezeichnungen 0 - 10.000 als Beschriftung der X-Achse hinzu **(2)**.

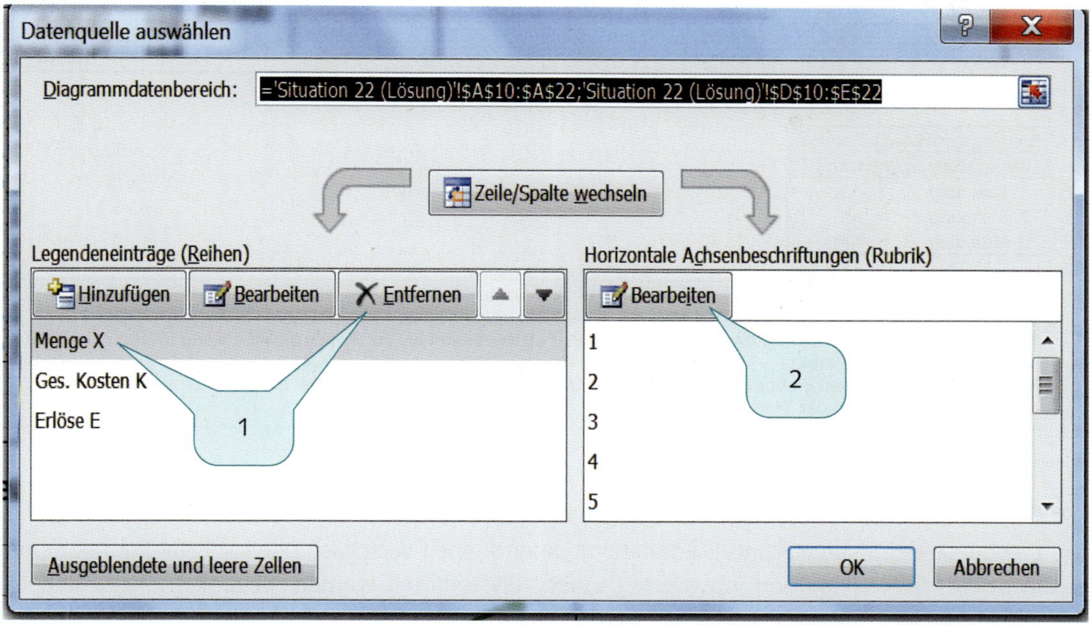

10.23 Lösung der Situation 23: Zahlungseingangskontrolle***

Lösungsdatei: **Situation 23 (Lösung)**
Kennwort: **TQ75DR34** (Schreibgeschützt öffnen!)
Lösungsansicht:

Situation 23

Zahlungseingangskontrolle

Rechnungsnummer	Kundennummer	Betrag	Fälligkeitsdatum	Überprüfungsdatum	Mahnstufe	Verzugszinsen	Gesamtbetrag
62807	24009	3.469,90 €	24.10.2015	31.01.2016	3. Mahnung	66,80 €	3.536,70 €
62834	24002	1.407,13 €	13.11.2015	31.01.2016	3. Mahnung	21,62 €	1.428,75 €
62945	24003	2.698,48 €	14.12.2015	31.01.2016	2. Mahnung	17,99 €	2.716,47 €
62948	24008	8.745,43 €	13.01.2016	31.01.2016	1. Mahnung	13,12 €	8.758,55 €
62951	24004	7.834,34 €	23.01.2016	31.01.2016	keine	- €	7.834,34 €

Verzugszinsen-Staffelung	
Mahnstufe	**Zinssatz (%)**
1. Mahnung	3
2. Mahnung	5
3. Mahnung	7

Neben dem Schreiben von Mahnungen bleibt der KBS GmbH die Möglichkeit, ein Inkasso-Institut mit dem Eintreiben der offenen Forderungen zu beauftragen oder durch die Beantragung eines Mahnbescheids beim zuständigen Amtsgericht das gerichtliche Mahnverfahren einzuleiten. Letzteres kann bis zur Zwangsvollstreckung (Pfändung) durch den Gerichtsvollzieher führen.
Als mögliche Maßnahmen im Vorfeld sind z.B. die Bonitätsprüfung bei Neukunden oder der Eigentumsvorbehalt bis zur vollständigen Bezahlung der Ware zu nennen.

Lösungshinweise:

Die Ergebnisse der Spalten F und G können mit einer doppelt verschachtelten WENN-Funktion und einem in die WENN-Funktion integrierten SVERWEIS ermittelt werden. Bedenken Sie außerdem, dass Excel auch mit den als Datum formatierten Zellen rechnen kann. So ergibt z. B. die Rechnung E6-D6 die Anzahl der Tage, die das Fälligkeitsdatum überschritten haben.

Die Ermittlung der **Mahnstufe** in Zelle **F6** ergibt sich aus:

=WENN(E6-D6>=50;“3. Mahnung“;WENN(E6-D6>=30; „2. Mahnung“;WENN(E6-D6>=12; „1. Mahnung“;“keine“)))

Die **Verzugszinsen** in der Zelle **G6** ergeben sich folgerichtig aus:

=C6*WENN(F6=“keine“;0;SVERWEIS(F6;$A$15:$B$17;2)*0,01*(E6-D6)/360)

10.24 Lösung der Situation 24: Outsourcing***

Lösungsdatei: **Situation 24 (Lösung)**
Kennwort: **HZ44EF42** (Schreibgeschützt öffnen!)
Lösungsansicht:

Situation 24

Jährliche Kostenersparnis durch Outsourcing

Vertriebs-zentren	Anzahl der Pakete	Kosten des eigenen Zustelldienstes	Paketdienst A	Paketdienst B	Paketdienst C	günstigste Versandkosten	preisgünstigste Lösung
Augsburg	1.556.465	6.537.153,00 €	5.603.274,00 €	5.836.743,75 €	5.914.567,00 €	5.603.274,00 €	*Paketdienst A*
Bonn	2.435.234	10.471.506,20 €	8.036.272,20 €	7.183.940,30 €	7.062.178,60 €	7.062.178,60 €	*Paketdienst C*
Bremen	1.342.298	5.234.962,20 €	4.698.043,00 €	4.496.698,30 €	4.698.043,00 €	4.496.698,30 €	*Paketdienst B*
Halle	1.985.463	6.353.481,60 €	5.658.569,55 €	5.956.389,00 €	5.757.842,70 €	5.658.569,55 €	*Paketdienst A*
Summe	7.319.460	28.597.103,00 €			Summe	22.820.720,45 €	
					Einsparung in €	5.776.382,55 €	
					Einsparung in %	20,2%	

Angebote der Paketdienste für die einzelnen Vertriebsgebiete

Vertriebs-zentren	Kosten je Paket		
	Paketdienst A	Paketdienst B	Paketdienst C
Augsburg	3,60 €	3,75 €	3,80 €
Bonn	3,30 €	2,95 €	2,90 €
Bremen	3,50 €	3,35 €	3,50 €
Halle	2,85 €	3,00 €	2,90 €

Ein weiterer Vorteil des Outsourcing ist die größere Flexibilität beim Einsatz der Arbeitskräfte aufgrund der fehlenden Kündigungsfristen. Outsourcing führt zu einem Abbau von Personalkapazitäten und damit von Fixkosten und ermöglicht eine stärkere Konzentration auf das Kerngeschäft. Grundsätzlich mögliche Gefahren des Outsourcing liegen in dem Verlust von wertvollem Know-how oder in einer Abhängigkeit vom Outsourcing-Anbieter. Diese Gefahren sind jedoch bei dem Outsourcing des Zustelldienstes nicht zu befürchten.

Lösungshinweise :

Zelle D6: =SVERWEIS(A6;$A$18:$D$21;2)*B6 alternativ auch ohne SVERWEIS möglich : =B18*B6
Zelle G6: =MIN(D6:F6)
Zelle H6: =WENN(G6=C6;"eigener Zustelldienst";WENN(G6=D6;"Paketdienst A";WENN(G6=E6;"Paketdienst B";"Paketdienst C")))

10.25 Lösung der Situation 25: Fehlzeitenstatistik***

Lösungsdatei: **Situation 25 (Lösung)**
Kennwort: **ZX18TB56** (Schreibgeschützt öffnen!)
Lösungsansicht:

Situation 25

Fehlzeitenstatistik

Abteilung	Belegschaft	Anteil an der Gesamtbelegschaft	ø Fehltage pro Monat	ø monatl. Fehltage je Mitarbeiter	ø jährliche Fehltage je Mitarbeiter	Wertung
Einkauf	13	12,7%	9,4	0,7	8,7	normal
Allg. Verwaltung	5	4,9%	3,5	0,7	8,4	normal
Verkauf	19	18,6%	12,1	0,6	7,6	normal
Versand	4	3,9%	8,6	2,2	25,8	deutlich erhöht!!!
Lager	5	4,9%	7,5	1,5	18,0	deutlich erhöht!!!
Arbeitsvorbereitung	8	7,8%	5,4	0,7	8,1	normal
Produktion	48	47,1%	43,7	0,9	10,9	leicht erhöht
Gesamt	102,00	100,0%	90,2	0,9	10,6	leicht erhöht

ø jährliche Fehltage je Mitarbeiter	Wertung
0	niedrig
7	normal
9	leicht erhöht
11	deutlich erhöht!!!

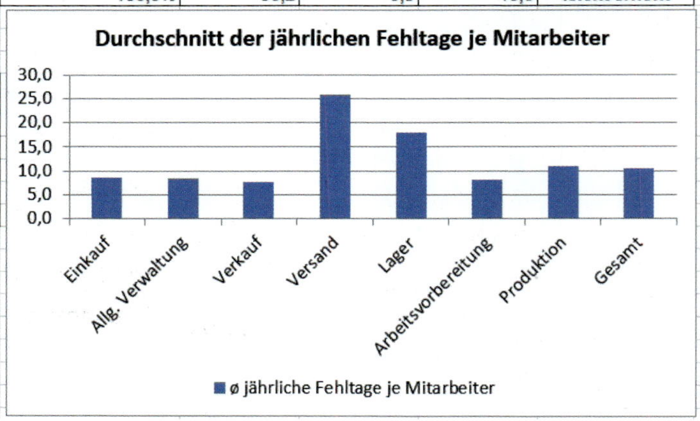

Der Geschäftsführer hatte mit seiner Einschätzung nicht Recht. Zwar sind die Fehlzeiten im Produktionsbereich leicht erhöht. Dies hängt aber möglicherweise auch mit den höheren Belastungen der körperlichen Arbeit zusammen. Auffällig dagegen sind die außerordentlich hohen Fehlzeiten in den Abteilungen Versand und Lager.

Hier sollten Gespräche zwischen der Personalabteilung und dem Betriebsrat mit den dort tätigen Mitarbeitern veranlasst werden. Mögliche Ursachen für erhöhte Fehlzeiten in einzelnen Abteilungen sind z. B. ein schlechtes Betriebsklima, Mobbing, aber auch längere Krankheiten einzelner Mitarbeiter, die die Statistik verfälschen können.

Stichwortverzeichnis

A

ABC-Analyse 90, 117
ABRUNDEN 63
Absatzzahlen 84, 110
Abschreibungen 95, 124
Absolute Zelladressierung 55, 56
Achsentitel 43
Aktive Zelle 13
Alphabetisches Sortieren 58
Angebotsvergleich 78, 89, 104, 116
Anordnung einer Tabelle schnell verändern ... 57
Anwendungsbereiche 10
ANZAHL 62
ANZAHL2 62
Arbeiten mit mehreren Tabellenblättern 27
AUFRUNDEN 63
Ausblenden von Spalten 26
Ausblenden von Zeilen 26
Ausrichtung der Zellen 54
Ausschneiden von Zellen 25
Auswahl des Diagrammtyps 38
Automatischer Zeilenumbruch 54
Automatischer Ausfüllen (AutoAusfüllen) 55

B

Balkendiagramm 40
Bearbeiten fehlerhafter Formeln und Funktionen 76
Befehl wiederholen 53
Befehl rückgängig machen 53
Berechnung des Alters 75
Berechnung der Zinstage 73
Bereiche von Zellen 13
Betriebswirtschaftliche Kennzahlen 87, 114
Break-even-Analyse 99, 128

D

DATEDIF-Funktion 75
Datumsfunktionen 73
Diagrammbearbeitung 45
Diagrammbearbeitung über das Kontextmenü 46
Diagrammerstellung 37
Diagrammgestaltung 41
Diagrammelemente 42, 43
Diagramm-Quelldaten 37
Diagramm-Symbolleiste 45
Diagrammtitel 43
Diagrammtools 45
Diagrammtypen 38, 39, 40
Diagramm verschieben 44
Drag & Drop 25, 44, 57
Druckbefehl 52
Drucken von Tabellen und Diagrammen 50
Druckvorschau 50, 52

E

Eigenfertigung 91, 118
Eigenkapitalrentabilität 87, 114
Eigenkapitalquote 87, 114
Einblenden von Spalten 26

Einblenden von Zeilen ... 26
Einfache WENN-Funktion ... 64
Einfügen von Zellen ... 25
Einfügen von Zellen, Zeilen und Spalten ... 24
Eingabe von Formeln und Funktionen ... 17
Eingabe von Rechenoperationen ... 18
Eingabe von Text und Zahlen ... 16
Erstellung einer Tabelle ... 11
Erstellen von Diagrammen ... 37
Excel-Bildschirm ... 12
Excel-Hilfe ... 15
Excel starten ... 11

F

Fehlermeldungen ... 76
Fehlzeitenstatistik ... 102, 132
Festlegung der Diagramm-Quelldaten ... 37
Filialabrechnung ... 88, 115
Filterkriterien ... 60
Filtern von Daten (AutoFilter) ... 60
Finanzübersicht ... 80
Formatieren von Tabellen ... 28
Fremdbezug ... 91, 118
Funktionen ... 19
Funktionenbibliothek ... 22
Funktionsassistent ... 20, 21

G

GANZZAHL ... 63
Gestapelte Balken-/Säulendiagramme ... 40
Gewinnverteilung ... 97, 126
Gitternetzlinien ... 43

H

Handelskalkulation ... 92, 120
Handelsspanne ... 82, 108
Hintergrund ... 28
Hintergrundfarbe ... 30

I

Interpretation des Diagramms ... 49
Inventurliste ... 83, 109
Investitionen ... 81, 107

K

Kennzahlen ... 87
Kopieren mittels Drag & Drop ... 57
Kopieren von Zellen ... 25
Kostenübersicht ... 79, 105
Kreisdiagramm ... 39
KÜRZEN ... 63

L

Layout ... 43, 45
Layoutgestaltung ... 50
Legende ... 43
Liniendiagramm ... 38
Logische Fehler ... 76
Löschen von Zellen, Zeilen und Spalten ... 23
Löschen von Zellinhalten ... 23

M

Manueller Zeilenumbruch ... 54
MAX ... 62
Maximum-Funktion ... 21
MIN ... 62
Minimum-Funktion ... 21
MITTELWERT ... 62
Mittelwert-Funktion ... 20

N

NICHT ... 67
Nützliche Techniken ... 53

O

ODER ... 64, 67
Optimale Bestellmenge ... 93, 122
Outsourcing ... 101, 131

P

Papierformat ... 51
Personalleasing ... 94, 123
Platzieren des Diagramms ... 44
Private Finanzübersicht ... 80, 106
Provisionsberechnung ... 98, 127
Programmsteuerung ... 14

R

Rahmen ... 28
Rahmenlinien-Palette ... 29
RANG ... 70
Rechtschreibprüfung ... 61
Register Ausrichtung ... 35
Register Schrift ... 32
Register Zahlen ... 34
Relative Zelladressierung ... 55, 56
Rückgängig ... 53
RUNDEN ... 63

S

Säulendiagramm ... 39
Schriftart ... 48
Schriftformatierung ... 31
Seitenansicht ... 50
Seitenlayout ... 50
Seitenränder ... 51
Sortieren von Daten ... 58
Sortieren nach individuell ausgewählten Sotierschlüsseln ... 58
Spalten ... 13
Spaltenbreite ... 31
SUMME ... 62
Summenfunktion ... 19
SUMMEWENN ... 64, 69
SVERWEIS ... 71
Symbolleiste für den Schnellzugriff ... 53
Syntaxfehler ... 76

T

Tabellenblätter ... 12
Tabellen zoomen ... 53

U

Überstundenstatistik 85, 111
Uhrzeitfunktionen 73
Umsatzrentabilität 87, 114
Umsatzstatistik 77, 103
Umsatzzahlen 84, 110
UND 64, 67

V

Veranstaltungsmanagement 86, 113
Verschachtelte WENN-Funktion 66
Verschieben mittels Drag & Drop 57

W

WENN 64
Wiederholen 53
WVERWEIS 71, 72

Z

Zahlenformatierung 33
Zahlungseingangskontrolle 100, 130
ZÄHLENWENN 64, 68
Zeilen 13
Zeilenhöhe 31
Zellausrichtung 35
Zellbezeichnung 27
Zellbezüge 27, 56
Zellen 13
Zellen formatieren 29, 30, 32, 34, 35, 54
Zellformatierungen schnell kopieren 36
Zirkelbezüge 76
Zoom-Funktion 53